KB062924

미디어와 친해지는

미친 어휘력 ①

미디어와 친해지는
미친 어휘력 1

초판 1쇄 펴낸날 2021년 10월 25일
초판 2쇄 펴낸날 2022년 10월 15일

지은이 권승호
펴낸이 이건복
펴낸곳 도서출판 동녘

책임편집 구형민
편집 정경윤 김다정 김혜윤 홍주은
마케팅 임세현
관리 서숙희 이주원

등록 제311-1980-01호 1980년 3월 25일
주소 (10881) 경기도 파주시 회동길 77-26
전화 영업 031-955-3000 편집 031-955-3005 전송 031-955-3009
블로그 www.dongnyok.com **전자우편** editor@dongnyok.com
인쇄 새한문화사 **라미네이팅** 북웨어 **종이** 한서지업사

©권승호, 2021
ISBN 978-89-7297-007-1 (44700)
         978-89-7297-006-4 (세트)

미디어와 친해지는 **어휘력**

미친

vol. **1**

권승호
지음

들어가는 말
미디어 속 어휘를 알면 국어 실력도 쑥쑥!

바보처럼 살아왔던 것도 부끄럽지만 바보처럼 공부했던 것은 더 많이 부끄럽고 화나는 일입니다. 학창 시절에는 공부가 재미없고 하기 싫었던 이유가 잘못된 공부법 때문이었다는 사실을 몰랐습니다. 어휘력이 부족했고 한자도 잘 활용하지 못했지요. 부족한 어휘력은 이해와 암기를 어렵게 해서 공부를 힘든 일로 만든다는 사실을 이제야 알게 되었습니다.

공부가 즐거운 일이 된 것은 단어의 뜻을 정확하게 알게 된 이후부터였습니다. 한글로 표기된 말을 한자로 바꿀 수 있는 능력이 생긴 이후 공부가 재미있게 된 것이지요. 진즉 알았으면 좋았을 것이라는 후회를 하다 말고 컴퓨터 앞에 자리를 잡았습니다. 제가 늦게 맛본 즐거움을 글로 전해 청소년들이 빨리 알면 좋겠다는 생각이 들었기 때문입니다. 교과서와 뉴스 미디어에 많이 나오지만 잘 모르거나 잘못 알고 있을 법한 어휘를 선정해 글자 그대로의 뜻을 풀이하고 관련 어휘까지 풀이한 후 설명을 덧붙였습니다. 어휘에 대한 이야기를 통해 앎의 기쁨을 맛보면 좋겠습니다. 책을 가까이 하고 나아가 공부가 재미있다는 사실까지 확인하면 좋겠습니다.

　어휘력은 공부뿐 아니라 우리 삶에서 기본이자 핵심이 되는 요소입니다. 그러니 어휘력이라는 기초가 탄탄하지 않다면 좋은 성적을 받기 힘들고 관련 영역에서 최고가 되기 힘듭니다. 어휘력은 수많은 분야에서 도움이 되는 만능열쇠입니다. 그러므로 어휘력 향상을 위해 땀흘려 공부해야 합니다. 그런데 우리나라 학생들은 그 중요성을 간과하고 어휘력 공부를 거의 하지 않습니다. 영어 단어와 숙어는 열심히 외우지만 정작 우리말 단어와 숙어 공부에 할애하는 시간에는 인색하지요. 국어사전을 펼쳐 보기는커녕 인터넷 검색마저 귀찮아 대충 감으로 문맥을 이해하고 넘깁니다. 어휘력 실력이 늘 제자리걸음인 이유입니다.

　모든 일에 기초가 중요하다고 외치는 사람들조차도 어휘력의 중요성에 대해서는 입을 다물어 버립니다. 운동선수에게 체력이 중요한 것인 줄은 알면서 공부하는 학생에게 어휘력이 중요하다는 사실은 모르는 것 같습니다. 무기 없이 빈손으로 전쟁터에 나가는 군인은 비웃으면서 국어사전 없이 공부하겠다고 덤비는 학생은 그 누구도 나무라지 않습니다. 학습에 쓰이는 어휘의 90%가 한자어임에도 한자를 활용해 공부하라 충고하지 않습니다. 의사소통의 중요성을 이야기하면서도 그 도구인 어휘의 중요성은 이야기하지 않습니다.

어휘력 없이 공부하는 것은 실상 모래 위에 집을 짓는 일입니다. 반대로 한자를 기초 삼아 공부하는 것은 탄탄한 땅 위에 튼튼한 기초를 쌓은 후의 건축이라 할 수 있습니다. 또 한자 공부를 함으로써 하나를 배워 열을 아는 기쁨을 얻을 수 있습니다. 많은 사람이 함께 이런 기쁨을 느끼면 얼마나 좋을까요?

그런 마음으로 저는 일상생활에서 빈번하게 접하는 어휘, 방송과 신문에서 자주 보는 어휘, 교과서에 나오는 핵심 어휘를 모아 분석하고 풀이했습니다. 귀찮고 시간이 없다는 이유로, 대충 알아도 문제가 되지 않는다는 이유로 정확한 의미를 모른 채 넘겼던 단어들의 뜻을 하나씩 풀어보았습니다. 글을 쓰면서 엉킨 실을 푸는 듯 짜릿함을 느꼈습니다. 진즉 했으면 좋았을 텐데 하는 안타까운 마음도 들었습니다. 책을 읽는 독자들이 "아하! 그 말이 이런 뜻이었구나!"라고 자연스레 감탄사를 내뱉는 모습을 상상하니 행복했습니다. 이를테면 당할 피被라는 글자를 통해 독자들이 피해, 피선거권, 피살, 피고, 피보험자, 피동, 피랍, 피사체, 피검, 피의자의 정확한 뜻을 쉽게 알게 된다면 저는 보람을 느낄 것입니다.

미국 16대 대통령 링컨은 나무를 벨 여덟 시간이 주어진다면 그중 여섯 시간은 도끼날을 가는 데 쓰겠다고 했습니다. 도끼날을 가는 시간이 낭비하는 시간이 아니듯 어휘를 공부하는 시간 역시 허투루 흘려보내는 시간이 아닙니다. 어휘 공부는 한 알의 씨앗으로 열 배, 백 배를 수확하는 농사짓기입니다. 이렇게 익혀 놓은 한자는 공부를 쉽고 재미있게 만드는 요술 방망이가 됩니다. '부(副)'라는 글자에 버금가다, 곁따르다는 의미가 있다는 사실을 아는 것은 부회장, 부업, 부산물, 부식, 부상, 부교감신경, 부수입, 부심, 부총리의 의미를 쉽게 알려 주는 만능열쇠가 됩니다. 이로써 부작용이 어떤 일에 부수적으로 일어나는 작용이라는 사실을, 부산물이 주요 생산물의 생산과정에 곁들여 생기는 물건이라는 사실을 자동으로 깨닫는다면 참 좋겠습니다.

아는 만큼 보인다고 했습니다. 사람은 아는 만큼 지식과 지혜를 빠르고 올바르게 습득할 수 있습니다. 사랑이 또 다른 사랑을 만들어 내듯 지식은 또 다른 지식을, 어휘는 또 다른 어휘를 만들어 냅니다.

단, 서두르진 마세요. 지름길보다 돌아가는 길이 더 멋지고 아름답습니다. 더 많이 거두게 해 주는 행복의 길이 됩니다. 이 책이 공부가 즐거운 작업이란 사실을 깨우치는 데 길잡이가 되기를 바랍니다. 이 조그만 책이 누군가에게 공부의 즐거움을 맛보는 마중물 역할을 한다면 저는 정말로 행복하기 그지없을 것입니다.

2021년 9월

권승호

차례

1

궁금해,
뉴스 어휘

2

알아봐,
경제 어휘

3

알면 쉬워,
정치 어휘

4

이제 보여,
질병 어휘

5

놓지 마,
네 글자 어휘

궁금해,
뉴스
어휘

1

유감 遺憾

- 어제의 친구가 오늘의 적이 되는 현실이 유감스럽다.
- 여러분의 실력을 유감없이 발휘해 주기 바랍니다.
- 법원의 판결에 유감의 뜻을 표했다.

'유감스럽다' 혹은 '유감없이'라는 말을 들었을 때 무슨 의미인 줄 몰라 고개를 갸우뚱해 본 적 있지? 여기서 유감은 감정이 있다, 느끼는 바가 있다는 뜻이 아니라 마음에 차지 않아 못마땅하고 섭섭한 느낌이라는 뜻이야. 한자로 남길 유遺, 서운할 감憾이거든. 서운함을 남긴다는 의미지. 마음에 차지 않아 섭섭하다는 뜻이면서 불만스러움이남아 있다는 의미야. "너 나에게 유감 있니?"라고 묻기도 하고 "나 너에게 유감 조금도 없어?"라고 내답하기도 하잖아. "정말로 유감스럽다"라며 섭섭함을 표시하기도 하고 "유감없이 보여주었다"라고 대견해하기도 하지.

유감과 사과를 비슷한 개념으로 보기도 하는데 두 단어는 의미가 엄연히 달라. 사과는 사죄할 사謝와 잘못 과過로 이뤄진 단어야. 잘못을 사죄한다는 의미, 즉 자신의 잘못을 인정하고 용서를 빌겠다는 뜻이지. 그래서 "나는 너에게 사과를 받아야겠어", "잘못을 저질러 놓고 사과 한마디 없다니 실망이야"라는 식으로 말한단다.

사과와 비슷한 말로는 사죄, 죄송, 미안 등이 있어. 사죄는 지은 허물이나 죄에 대해 용서를 빈다는 뜻, 죄송은 죄스러울 정도로 미안하다는 뜻, 미안은 상대방에게 마음이 편치 못하고 부끄럽다는 뜻이야. 사죄와 죄송이 허리를 80도 숙인 상태라면 사과와 미안은 40도 정도 숙인 상태로 보면 되겠지.

그런데 이 사謝를 사과라는 단어에서는 사죄하다는 의미로 쓰지만 두터울 후厚가 들어간 후사라는 단어에서는 두텁게 감사의 뜻을 표한다는 의미로, 사례라는 단어에서는 고마움의 뜻을 나타내는 인사로, 사은회라는 단어에서는 감사하다는 의미로도 쓴단다.

앞서 사과라는 단어에서는 과過를 잘못하다는 의미로 썼다고 했지? 잘못함을 고쳐 착함으로 옮긴다는 개과천선改過遷善이라는 사자성어에서도 마찬가지 의미로 과를 썼어. 그런데 과유불급過猶不及이라는 단어에서는 지나치다란 뜻이야. 과유불급은 지나친 것은 미치지 못한 것과 같다는 의미거든. 과식, 과욕, 과소비, 과속 등에서도 역시 지나치다란 의미로 썼어. 과는 지나다는 의미로도 많이 써. 과거, 과정, 통과, 경과 등에서의 과는 모두 '지나다'란 의미로 썼어.

"비는 데는 무쇠도 녹는다"는 속담을 들어 보았을 거야. 잘못을 사과하면 용서받을 수 있다는 뜻이지. "비는 놈한텐 져야 한다"는 사과하는 사람은 용서해 줄 것을 권하는 속담이야. 이제부터라도 "내가 잘못했어", "정말 미안해", "화나는 네 마음 이해할 수 있어", "용서해 주면 고맙겠어"라는 말을 자주 연습해 보면 어때? 이런 말을 자주할수록 평화로운 사회가 될 테니까.

숙환宿患과 별세別世

- 숙환으로 별세하셨다.
- 숙환으로 고생하시던 할아버지께서 영면에 드셨다.
- 전 대법관이 별세했다. 향년 79세.

누군가의 죽음에 관해 들을 때마다 욕심이 사라지고 조금은 겸손해지는 마음이야. 죽음과 관련된 표현이 그토록 많은 걸 보면 사람들은 죽음에 대해 낳은 생각을 하며 사는 것 같아. 삶 못지않게 제각각 맞이하는 죽음도 다르다는 생각이 들어. "죽음 뒤에 영원한 삶이 있다고 믿으라. 그래야 참된 삶을 살 수 있다"라고 한 어느 철학자의 말에 저절로 고개가 끄덕여지기도 해.

숙환은 머무를 숙宿과 병 환患으로 이뤄진 단어로 오래 머물렀던 병이라는 뜻이야. 별세는 이별할 별別과 세상 세世로 이뤄진 단어로 세상과 이별했다는 의미지. 지병 역시 오랜 시간 앓았던 병을 뜻하는 말이야. 지병에서의 지는 가질 지持로 오래 가지고 있던 병이라는 의미야. 영면은 무슨 뜻일까? 오래 영永과 잠잘 면眠으로 이뤄진 단어니까 오래오래 잠들게 되었다는 말이겠지.

죽음을 뜻하는 또 다른 말에는 타계, 서거, 작고, 운명 등이 있어. 타계는 다를 타他와 세계 계界로 이뤄진 단어로 이 세상과 저세상을 다르게 했다는 의미, 서거는 떠날 서逝, 갈 거去로 이뤄진 단어로 다른 세상으로 갔다는 의미야. 작고는 죽은 사람으로 만들었다는 의미, 떨어질 운殞이 들어간 운명은 목숨이 떨어졌다는 의미지. 사망 기사에서 '향년'이라는 말을 볼 수 있는데 이는 한평생 살아 누린 나이, 즉 죽을 때의 나이를 의미해.

순국, 순교, 순직이라는 단어에는 순이 들어간다는 공통점이 있어. 여기서의 순은 목숨 바칠 순殉이야. 그러니까 나라를 위해 목숨을 바치는 것을 순국, 종교를 위해 목숨을 바치는 것을 순교, 직무를 수행하다 목숨을 잃는 것을 순직이라고 하지. 산화, 임종, 요절이라는 단어나 "유명을 달리하다"는 문장도 많이 보았지? 흩뜨릴 산散과 꽃 화花로 이뤄진 산화라는 단어는 꽃이 흩어지다는 의미로 어떤 대상이나 목적을 위해 목숨을 바쳤을 때 사용하는 말이야. 임종은 죽음에 임했다는 의미, 어릴 요天와 꺾일 절折로 이뤄진 요절이란 단어는 어린 나이에 꺾였다는 의미야. "유명을 달리하다"는 더 이상 이 세상 사람이 아니라는 뜻이지. 유명은 어둠과 밝음, 저승과 이승을 가리키는 말이거든. 그러니까 저승과 이승을 다르게 했다는 의미야.

개신교에서는 소천召天이라 하는데 부를 소召, 하늘 천天으로 하늘의 부름을 받았다는 뜻이야. 불교에서는 입적이라 하는데 들어갈 입入, 평온할 적寂으로 평온한 곳으로 들어갔다는 의미지. 가톨릭에서는 선종善終이라 하는데 선생복종善生福終에서 나온 말이야. 착하게 살다가 복되게 삶을 마쳤다는 의미야.

흔히 목숨이 끊어졌다는 표현을 쓰는데 목숨은 목으로 쉬는 숨이라는 의미야. 돌아가셨다라는 표현도 "하늘나라로 되돌아가다", "본디 상태인 흙으로 되돌아가다" 또는 "본래 있었던 곳으로 되돌아가다"라는 뜻이고.

가결可決과 부결否決

- 체포 동의안이 가결되었다.
- 장관 해임안이 부결되었다.
- 국회는 24일 오전 본회의를 열어 홍길동 대법원장 지명자에 대한 임명 동의안을 처리한다.

논의를 통해 만장일치로 의견을 정하면 더할 나위 없이 좋겠지. 하지만 사람들은 저마다 생각이 달라서 무언가를 결정할 땐 의견이 엇갈리는 경우가 많아. 민주주의사회에서는 서로 의견이 충돌할 때 다수결 원칙을 적용하기 위해 표결을 하고 그 결과를 놓고 가결되었다 혹은 부결되었다는 말을 한단다. 이때 가결과 부결은 무슨 뜻일까? 또 동의안과 해임안은 무슨 뜻일까?

가결은 옳을 가可와 결정할 결決로 이뤄진 단어로 옳은 것으로 결정되었다는 의미, 아닐 부否가 들어간 부결이라는 단어는 아닌 것으로 결정되었다는 의미야. 제출된 심의 안건이 좋고 합당해서 인정하기로 결정하는 것은 가결, 의논한 안건이 옳지 않다고 회원 다수가 반대하므로 받아들이지 않기로 결정하는 일을 부결이라고 하지.

동의는 같은 의견을 뜻하고, 해임은 지위나 맡은 임무를 그만두게 하는 걸 뜻하는 말이야. 토의하거나 조사해야 할 사항을 안건이라고 하는데 줄여서 안案이라고 해. 동의안은 정부나 대통령이 시행하려는 일에 대해 미리 국회에 인정을 구하는 안건을, 해임안은 차지하고 있는 지위나 맡고 있는 임무를 그만두게 하자는 안건을 의미하지.

대체로 투표를 통해 가결과 부결을 결정하므로 투표 전 규칙을 정하는 것이 매우 중요해. 전원일치가 되어야 가결할 것인지, 3분의 2 이상이 참석하고 참석 인원의 3분의 2 이상이 찬성해야 가결할 것인지, 아니면 과반수 참석에 참석 인원의 과반수가 찬성해야 가결할 것인지 등을 미리 정해 놓아야 투표 후 혼란을 막을 수 있어. 과반수의 의미는 알지? 넘을 과過와 반 반半으로 이뤄진 이 단어는 반절이 넘는 숫자라는 의미야. 과반수 찬성일 때 가결이라는 규정이 있을 때, 투표 인원 10명에 찬성 인원 5명이면 가결일까, 부결일까? 답은 부결.

10명의 반수는 5명이지만 과반수가 되려면 5명이 넘어야 하기 때문이야. 그러므로 10명 중 6명 이상이 찬성해야 가결될 수 있어.

여기서 잠깐. "과반수 이상 찬성"이란 말은 잘못된 표현이라는 사실 알고 있니? 이 문장에선 과반과 이상이라는 똑같은 의미의 말이 중첩되었기 때문이야. 그러니 과반수 찬성, 반수 이상 찬성, 절반 이상 찬성이라고 표현해야겠지? 우리가 흔히 역전앞, 도망쳐 달아나다, 새로운 신제품 등의 말을 쓰는데 같은 의미의 말이 중복됐기 때문에 이런 말들도 각각 역 앞, 도망치다, 새로운 제품이라고 하는 것이 올바른 표현이야.

이상, 이하, 초과, 미만도 분명히 알아 둬야 할 단어들이야. 이상은 그것을 포함한 위, 이하는 그것을 포함한 아래라는 의미야. 초과는 넘어서다, 미만은 차지 않았다는 뜻이지. 이를테면 "○ 이상과 ○ 이하"라고 말할 땐 ○에 해당되는 숫자가 포함되고, "○ 초과 ○ 미만"이라고 할 땐 ○에 해당되는 숫자는 포함되지 않아. 6세 이하라고 할 땐 6세가 포함되지만 6세 미만이라고 할 땐 6세가 포함되지 않는 거야. 규정에 10명 이상 할인이라고 되어 있으면 10명만 되어도 할인을 받을 수 있어. 하지만 10명 초과 할인이라고 되어 있다면 10명은 할인을 받지 못하고 11명보다 많아야 할인을 받을 수 있어. 5인 이상 집합 금지 규정을 지켜야 할 때 5명이 모일 수 있을까? 정답은 모일 수 없다. 5명 이상이면 5명까지를 의미하므로 4명까지만 모일 수 있지.

부결된 의안은 당일 회의에 다시 제출될 수 없는데 이를 일사부재의 원칙이라고 해. 재의는 다시 재再와 의논할 의議로 이뤄진 단어로 다시 의논한다는 뜻이야. 그러므로 일사부재의는 하나의 사건은 다시 의논하지 않는다는 의미지. 즉 일사부재의 원칙은 의회에서 한번 부결된 안건은 같은 회기 중에 다시 제출할 수 없다는 원칙을 의미해. 일사부재리 원칙이란 것도 있어. 여기서의 리는 처리할 리理로서 하나의 사건은 다시 처리하지 않는다는 뜻이야. 한번 판결이 난 사건에 대해서는 다시 공소를 제기할 수 없다는 원칙이지.

기각棄却과 각하却下

- 재판부는 원고의 항소를 소명 자료 부족을 이유로 기각했다.
- 이미 퇴직한 사람을 파면하는 것은 소訴의 이익이 없으므로 각하될 것이다.
- 제명 정지 가처분이 인용되어 어제 복직했다.

송사에 휘말리지 않는 편이 현명하다는 이야기를 많이 들었을 거야. 그렇고말고. 송사에 휘말리면 시간과 돈을 소비할 뿐 아니라 정신까지 피폐해질 테니 가능하면 피하는 게 좋지.

그런데 송사는 무엇일까? 송사할 송訟과 일 사事로 이뤄진 이 단어는 송사하는 일이라는 의미로 법원에 법률상 판결을 요구하는 걸 뜻해. 즉 재판을 한다는 말이야. 살다 보면 억울한 일을 당하기도 하고 나쁜 사람을 혼내 주고 싶을 때도 있어. 그래서 송사를 시작하는데 한번 송사에 엮이면 대체로 시간과 돈을 허비할 뿐 아니라 적지 않은 정신적 고통을 겪어야 해. 송사에 지면 정신적·물질적으로 손해가 막심하고, 이겨도 마냥 기쁘고 후련하지만은 않지. 이겨도 이긴 게 아니라는 말이 있을 정도니까.

일단 재판에서 쓰는 용어부터 사람을 힘들게 만들어. 민사재판, 형사재판, 기각, 각하, 가처분, 원고, 피고, 상소, 항소, 항고니 하는 어려운 용어를 계속 듣다 보면 머리가 아플 지경이야.

민사재판은 개인적 법률관계에서 일어나는 일을, 형사재판은 형법의 적용을 받는 사건을 다투는 재판을 일컫는 말이야. 살인, 강도 등의 범죄, 즉 사회적으로 비난받거나 처벌받는 범죄를 처벌하는 법을 형법이라고 해. 이와는 달리 개인과 개인의 갈등을 해결하는 법을 민법이라고 하지.

"접근 금지 가처분 신청을 기각했다", "판사가 구속영장 기각을 결정했다" 등의 말을 뉴스에서 들은 적 있지? 버릴 기棄와 물리칠 각却으로 이뤄진 기각이라는 단어는 버리고 물리쳤다는 의미야. 법원이 소송을 심리한 결과 형식적 요건은 갖추었으나 타당한 이유가 없다고 판단해 소송을 종료하는 걸 뜻하지. 즉 법원에서 재판 요청을 받아들이지 않겠다는 말이야.

각하는 물리칠 각却과 아래 하下로 이뤄진 단어로 물리쳐서 아래로 내려 버린다는 의미지. 형식적 요건조차 갖추지 못했기에 내용에 대한 판단도 하지 않고 소송을 종료해 버리는 것을 일컫는 말이야. 소송할 가치가 전혀 없기에 소송을 심리하지도 않고 쓰레기처럼 처리했다는 뜻이지. 기각과 각하라는 단어는 둘 다 떨어지는 것을 뜻하지만 그래도 기각은 본선까지는 가는 것을, 각하는 아예 예선에서 떨어져 버렸다는 의미라고 보면 돼. 기각이나 각하와 반대되는 용어는 인용이야. 인정認定하여 허용許容한다는 뜻이지.

명령할 영令과 문서 장狀으로 이뤄진 영장이라는 단어는 명령을 내리는 문서라는 의미야. 법원이 형사사건에 관련되는 사람이나 물건에 대해 체포, 구금, 수색, 압수 같은 강제 처분을 하라고 명령하는 문서를 뜻하지.

가처분신청을 낸다는 말 들어 보았니? 가假는 임시라는 의미, 처분處分은 기준에 따라 처리한다는 의미야. 그러므로 가처분은 임시로 처리한다는 뜻이지. 즉 최종 판결을 내릴 때까지는 오랜 시간이 걸리므로 그때까지 임시로 상황을 그대로 보전해 달라고 법원에 요청하는 것을 가처분신청이라고 해. 너무 오랜 시간이 걸리는 바람에 승소 후에도 본래 목적을 달성하지 못할 가능성이 있는 경우, 임시 조치를 취해 달라고 요청하는 일이라고 이해하면 돼.

부동산 가처분신청은 법원의 최종 판결이 날 때까지 소유권 이전 등 소유자가 부동산에 대한 일체의 처분 행위를 못하게끔 해 달라는 신청이야. 공사 중지 가처분신청은 공사를 임시로 중단해 달라는 신청, 효력 정지 가처분신청은 효력을 정지해 달라는 신청이지. 가처분신청은 신속한 대응이 목적이기에 절차 또한 간소해. 신청 취지와 이유 등을 적은 신청서만 제출하면 되니까.

아직도 이해하기 어렵다고? 예를 들어 설명할게. 돈을 빌려 간 친구가 돈을 갚지 않아서 고민인데 그 친구가 집을 한 채 가지고 있어. 소송을 해서 돈을 받아 내려 하지만 법원 판결이 나오기 전에 집을 팔아 버리면 이겨도 돈을 받을 수가 없잖아. 이럴 경우 판결이 나오기 전에는 집을 팔지 못하도록 하는 조치가 가처분신청이야.

또 다른 예를 들어 볼까. 퇴학 처분을 받은 학생이 그 처분이 부당하다는 생각으로 법원에 소송을 제기했어. 그런데 판결이 나오려면 시간이 많이 걸리겠지? 만약 퇴학 처분이 잘못되었다는 판결이 나오면 그동안 학교에 가지 못해 손해를 입게 되잖아. 그래서 법원 판결이 나오기 전까지는 퇴학 처분을 미뤄 달라고 신청하는 일이 가처분신청이야. 일시적 명령으로 생각하면 이해가 쉬울 거야.

금명간 今明間

- 금명간에 좋은 소식이 올 것이다.
- 금명간 연락드리겠습니다.
- 대부분의 대학들은 금명간 합격자를 발표할 예정이라고 했다.

금명간은 오늘 금今, 내일 명明, 사이 간間으로 이뤄진 단어로 오늘과 내일 사이라는 의미야. 머지않아, 곧 등과 비슷한 뜻이지. 조만간도 비슷한 말이야. 이를 조早와 늦을 만晚이 들어간 이 단어는 새벽부터 해가 질 사이라는 뜻이지.

금일은 오늘, 명일은 내일을 의미해. 마찬가지로 금년은 올해, 명년은 내년을 뜻하지. 금시초문이라는 말은 자주 들었지? 지금 비로소 처음으로 듣는다는 의미야. 동서고금이란 말도 익숙할 텐데 동양과 서양, 옛날과 지금이라는 뜻으로, 사람이 살아온 모든 시대와 장소를 아우르는 말이야. 시간을 나타내는 글자로는 어제 작昨도 있어. 작일은 어제, 작년은 지난해를 뜻하는 단어지.

금시작비今是昨非라는 말이 있어. 지금은 옳지만 어제는 그르다는 뜻이야. 지금은 옳다고 생각하지만 시간이 지나면 잘못되었음을 깨닫게 된다는 이야기지. 시간이 흐른 후에야 자신의 어리석음을 깨닫는다는 말이야. 이 말은 오늘 옳다고 생각했던 일을 내일은 잘못되었다고 생각할지 모르니 자신의 생각과 행동만 옳다고 고집 피워서는 안 된다는 가르침을 담고 있어.

간間은 사이라는 뜻이야. 끼니와 끼니 사이에 먹는 음식을 간식, 중간에 낀 연주를 간주라고 하지. 간첩은 사이 간間과 염탐할 첩諜으로 이뤄진 단어야. 문자 그대로 사이에서 염탐한다는 의미지. 한 국가나 단체의 비밀이나 상황을 몰래 알아내어 경쟁 관계나 대립 관계인 국가 혹은 단체에 제공하는 사람을 간첩이라고 부른단다. 재미있는 표현 하나 알려 줄까? 아주 미세한 차이를 일컬을 때 간발의 차이라고 하는데 이때 발은 무슨 뜻일까? 머리털 발髮이야. 머리털 하나 정도의 차이라는 말이지.

초순, 중순, 하순이라는 단어에서의 순旬은 열흘 순이야. 그러니까 초순은 처음 열흘, 중순은 가운데 열흘, 하순은 마지막 열흘이라는 의미지. 국사 시간에 우리나라 최초의 신문이 《한성순보漢城旬報》라는 사실을 배웠지? 한성이 서울의 옛 이름이라는 것도…. 신문 이름에는 보통 일보가 들어가는데 이때는 왜 순보라고 했을까? 순보는 열흘 순旬과 알릴 보報로 이뤄진 말로 열흘마다 알린다는 의미지. 옛날에는 신문이 열흘에 한 번씩 발행되었다는 사실을 알 수 있어. ○○일보니 하는 건 날마다 알려 주기 때문에 붙은 이름이야. 주보는 일주일에 한 번씩, 월보는 한 달에 한 번씩 알려 준다는 의미지. 격일이라는 말에서의 격은 사이 뜰 격隔이야. 하루씩 사이를 둔다는 뜻, 즉 이틀에

한 번씩이라는 말이지. 그러니 격월은 두 달에 한 번, 격년은 2년에
한 번이라는 의미가 된단다.

직계가족 直系家族

- 직계가족과 일부 지인만 초대하는 이른바 '작은 결혼식'이 유행이다.
- 도지사는 10년간 직계존·비속의 재산 변동 내역을 공개했다.
- 직계가족이라도 4명까지만 모임이 허용된다.

자신의 삶을 지탱해 주는 존재가 가족이란 걸 잘 알면서도 때때로 소
중한 가족에게 상처를 주니 안타까운 일이야. 누군가는 말했어.

"가정이야말로 고달픈 인생의 안식처요, 모든 싸움이 자취를 감추고
사랑이 싹트는 장소요, 큰 사람은 작아지고 작은 사람은 커지는 곳이다."

"가정에서 마음이 평화로우면 어느 마을에 가더라도 축제처럼 즐거
운 일들을 발견한다"라는 속담도 있으니 그 뜻을 음미해 보면 좋겠어.

가족은 부부를 중심으로 생겨난 아들딸과 손자, 손녀 등으로 구성
된 집단을 가리키는 말이야. 보통은 결혼, 혈연, 입양 등을 통해 탄생
하지. 다른 말로는 식구라고도 하는데 먹을 식食과 입 구口로 이뤄진
이 단어는 같은 집에 살면서 끼니를 함께하는 사람이라는 뜻이야. 하

지만 현대인들은 이런저런 이유로 식구들이 함께 식사를 하지 못할 때가 많아서 안타까워.

옛날에는 대가족 형태가 일반적이었어. 그러다 점점 핵가족이 늘어나더니 지금은 일인가족도 많아지는 추세야. 여러 대代의 가족이 한집에 모여 사는 가족 혹은 식구 수가 많은 가족을 대가족이라 하고, 한 쌍의 부부와 미혼 자녀만으로 구성된 가족 혹은 식구 수가 적은 가족을 소가족, 핵가족이라고 하지. 핵核이 중심이라는 의미니까 중심만 있는 가족이라고 해석하면 이해하기 쉬울 거야.

세계화시대가 다가오면서 다문화가족도 점점 늘어나는 추세야. 다문화가족은 문자 그대로 문화가 많은 가족이라는 뜻으로 국적과 문화가 다른 남녀로 이뤄진 가족을 일컫는 신조어지. 이산가족에 관해 들어 보았지? 헤어질 리離와 흩어질 산散으로 이뤄진 이 단어는 헤어지고 흩어진 가족을 의미하는 말이야. 우리나라의 많은 가족은 6·25전쟁과 남북 분단으로 인해 강제로 헤어지는 아픔을 겪어야 했어. 이런 가족을 이산가족이라고 일컫는단다. 입양한 자녀와 그 부모로 구성된 가족을 입양가족이라고 해. 들 입入과 기를 양養으로 이뤄진 단어로 들여와서 기른 가족을 의미하지.

친족 관계에서 한 사람을 중심으로 할아버지, 아버지, 아들, 손자 등으로 직접 핏줄이 이어지는 계통을 직계라고 해. 한편 같은 부모에서 갈라져 나간 형제, 자매, 조카 또는 같은 조부모에서 갈라져 나간

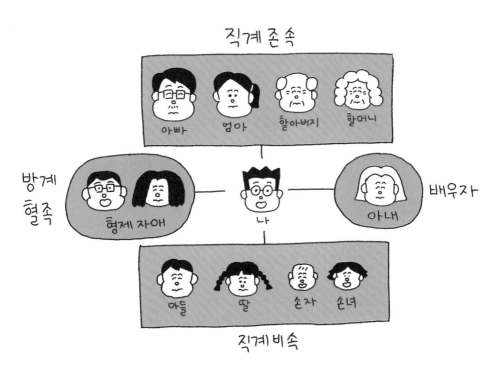

백숙부모, 종형제자매 등을 방계라고 하지. 직계의 직은 곧을 직直, 방계의 방은 곁 방傍이야. 곧게 내려갔다고 해서 직계, 옆으로 뻗어 갔다고 해서 방계라고 하는 거야. 직계존속, 직계비속이라는 말도 있는데 존속과 비속은 또 뭐냐고? 존은 높을 존尊이고 비는 낮을 비卑야. 그래서 부모 및 그와 동등한 항렬 이상의 혈족을 존속, 자기보다 아래 세대인 혈족을 비속이라고 하지. 그러니까 직계존속과 직계비속을 아울러 직계가족이라고 하는 거야.

부양가족, 딩크족에 대해서도 알고 싶다고? 도울 부扶와 기를 양으로 이뤄진 부양扶養이란 단어는 도와주고 길러 준다는 의미야. 그러니까 부양가족은 자기가 돌보고 도와주어야 할 가족이라는 뜻이지. '딩크DINK'는 'Double Income No Kids'의 약자야. 결혼한 부부 두 사람 다 수입이 있지만 자녀는 없다는 의미로 딩크족은 정상적인 부부 생활을 영위하면서도 의도적으로 자녀를 두지 않는 맞벌이부부를 일컫는 신조어지.

질병과 관련해 가족력을 가지고 있다느니 가족력과 관련이 있다느니 하는 말 들어 본 적 있지? 가족력은 가족의 의학적 내력의 줄임말이야. 자세히 말하면 가족이나 친척 또는 같이 사는 사람들의 의학적 내력이라는 의미지. 내력은 올 래와 경력 력으로 이뤄진 단어로 지금까지 지나온 경로나 경력이라는 뜻이야.

강등降等

- 지난번 사고의 책임을 물어 중령에서 소령으로 강등했다.
- 홍길동 씨는 과장으로 강등이 공식 확인되었다.
- 비둘기팀이 강등권으로 밀려나고 말았다.

강등은 내릴 강과 등급 등으로 이뤄진 단어로 등급이 내려간다는 의미야. 강등 위기에 처했다, 강등 처분을 받았다 등의 문장에서처럼 쓴다. 그래서 비가 내린 양을 강우량, 눈이 내린 양을 강설량, 비와 눈, 우박 등이 내린 총량을 강수량이라고 하지. 승강기는 오르고 내리는 데 사용하는 기계라는 뜻이야. 영어로는 엘리베이터라고 하지. 스포츠에 관심이 있다면 우리나라 프로축구에 승강제가 있다는 사실을 알 거야. K리그가 끝난 후 2부 리그 팀 가운데 성적이 좋은 팀은 1부 리그로 올리고, 1부 리그 팀 가운데 성적이 저조한 팀을 2부 리그로 내리는 제도를 승강제라고 하지.

등等은 등급이라는 의미로도 쓰지만 계급이나 순위라는 의미로 쓰기도 해. 일등병, 이등병, 열등, 중등, 동등, 차등, 삼등실 등에서의 쓰임이 그렇단다. 같다는 의미로도 많이 쓰여. 이등변삼각형, 등고선, 이등분, 등식, 등속운동, 팔등신, 등거리 같은 단어들을 그 예로 들 수 있지. 군대에서는 계급장의 1자 모양을 '작대기'라고 하잖아. 그렇다면 일병과 이병은 각각 작대기가 몇 개일까? 일병이 높은지, 이병이 높은지 헷갈린다고? 이병은 이등 병사의 줄임말로 작대기가 하나, 일병은 일등 병사의 줄임말로 작대기가 두 개야. 이제 일병이 이병보다 높다는 사실을 확실히 알았지?

강등과 비슷한 말에 좌천이 있어. 왼 좌左와 옮길 천遷으로 이뤄진 이 단어는 왼쪽으로 옮긴다는 의미야. 그런데 왼쪽으로 가는 걸 왜 내려간다고 생각했을까? 옛날 중국에서는 오른쪽을 숭상하고 왼쪽을 멸시했기 때문이야. 여기서 퀴즈! 강등과 반대되는 단어는? 답은 올라가고 나아간다는 뜻의 승진, 등급이 나아갔다는 뜻의 진급이야.

예상치 못하게 강등되었을 때 남을 원망하고 모든 걸 포기하는 사람이 있는가 하면 스스로의 게으름이나 노력 부족 등을 반성하면서 마음을 다잡고 새로이 출발하려는 사람도 있어. 이처럼 새로운 마음가짐으로 노력하는 사람에게는 강등이 오히려 전화위복의 계기가 되는 경우가 많아. 아픔이 도리어 발전의 디딤돌이 된다는 말이지. 전화위복은 구를 전轉, 재앙 화禍, 될 위爲, 복 복으로 이뤄진 사자성어로 재앙이 굴러 오히려 복이 된다는 의미야.

비슷한 말로는 새옹지마가 있어. 변방 새塞, 늙은이 옹翁, ~의 지之, 말 마馬로 이뤄진 이 사자성어는 변방 늙은이의 말이라는 뜻이야. 변방은 국경 지방을 말하는 것으로 함부로 넘어갈 수 없는 경계선이라고 생각하면 돼. 옛날 중국 변방에서 한 노인이 말을 키우며 살았거든. 어느 날 이 말이 국경을 넘어가 버렸어. 이웃 마을이면 찾아올 수 있어도 국경을 넘어갔으니 어쩔 도리가 없었어. 불행한 일이었지. 그런데 얼마 후 도망친 말이 다른 말 한 마리를 데리고 왔어. 말 한 마리가 공짜로 생겼으니 행운이었지. 그러던 중 노인의 아들이 그 말을 타다가 다리가 부러졌어. 불행한 일이었어. 그러고 나서 전쟁이 났고 마을 젊은이들이 전쟁터에 나가 모두 죽었어. 하지만 노인의 아들은 부러진 다리 덕분에 전쟁터에 나갈 수 없어서 목숨을 보전했어. 행운이 아닐 수 없었지. 이처럼 인생의 길흉화복은 변화가 많아서 예측하기가 어렵다는 이야기야. 재앙이 복이 되고 복이 재앙이 된다는 말이지. 이 이야기를 통해 현재의 재앙에 낙담할 필요 없으며, 현재의 행운에 마냥 기뻐하지도 말아야 한다는 교훈을 얻을 수 있어.

자의적 恣意的

- 법을 자의적으로 해석하고 적용해선 안 된다.
- 이 연구는 근거가 희박하고 자의적인 부분이 있어서 학계에서 받아들이지 않는다.
- 자의적이고 독단적인 판단은 위급한 상황을 불러올 수 있다.

자의적을 자기 자自와 뜻 의意로 이뤄진 단어라고 생각해 자기 뜻대로

라고 해석하기 쉬워. 하지만 자의적의 자는 '방자할, 제멋대로 자恣'
야. 즉 정해진 규정이나 질서를 무시하고 제멋대로 생각하고 행동할
때 자의적이라고 하지.

자의성이 언어가 가진 특성 가운데 하나라는 사실을 알고 있니?
언어는 제멋대로 이름을 붙이는 특성이 있기에 자의성을 갖는다고
보거든. 즉, 의미와 소리(단어)가 필연적이지 않고 제멋대로라는 이
야기야. 얼굴은 그렇게 불러야 할 필연적 이유가 없지만 누군가 제멋
대로 얼굴이라는 이름을 붙였고, 그 후 사람들이 그 이름을 사용하게
되었어. 아버지, 파더father, 부父라는, 뜻이 같지만 각각 다른 세 단어
도 마찬가지야. 그렇게 불러야 할 필연적 이유가 없었음에도 아버지,
파더, 부라고 부르면서 각각의 단어로 굳어졌다는 말이지.

방자하게 제멋대로 행동할 때 자행이라는 말을 쓰는데 이 경우에
도 제멋대로 자恣야. "나쁜 짓을 서슴없이 자행하다", "약탈을 자행하
다" 등의 문장이 그 예라고 할 수 있어. "오만방자하게 행동하다"라
는 문장에서도 마찬가지야. 태도나 행동이 건방지거나 거만한 것을
오만이라 하고, 무례하고 건방진 것을 방자라고 하지.

자의와 비슷한 말로는 임의와 수의가 있어. "임의로 처리할 수 없
다", "임의적으로 팔다", "임의로 변조한 사실이 드러나" 등의 문장에
서처럼 쓰는 단어들이야. 또 "수의계약에 의한 매각", "수의계약은 불
법이다" 등의 문장을 예로 들 수 있어. 임의라는 단어에서는 맡길 임任

을 썼는데 이는 뜻에 맡긴다는 의미야. 즉 일정한 기준이나 원칙 없이 하고 싶은 대로 한다는 말이지. 수의隨意라는 단어에서는 따를 수隨를 썼는데 이는 자신의 뜻(생각)에 따른다는 의미야.

수의계약이 무슨 뜻이냐고? 자기의 뜻대로, 자기 마음대로 하는 계약이야. 그런데 왜 불법일까? 내 집을 짓는데 내 마음대로 하는 계약은 불법이 아니지. 하지만 공공기관이 계약할 때에는 문제가 달라. 가격이 낮은 경우 등 특수한 경우를 제외하고는 반드시 경쟁계약競爭契約을 해야 해. 수의계약일 경우에 공정성이 떨어지고 특혜 시비와 비리가 발생할 가능성이 높기 때문이지. 만약 입찰이나 경쟁계약을 하지 않고 친척이나 지인에게 특혜를 주는 수의계약을 체결한다면 그건 비리임이 분명하잖아.

그런데 스스로 자를 쓴 자의自意라는 단어도 있어. 이건 스스로의 뜻, 자신의 뜻, 자기의 생각이나 의견이라는 말이야. 자의 반 타의 반이라는 흔한 표현은 자신의 의지가 반절이고 다른 사람의 의지가 반절이라는 뜻이지. 즉 자신이 하고 싶은 마음도 있긴 하지만 남의 부탁을 거절하기 어려워서 어떤 일을 하게 될 때 쓰는 말이야.

고사 固辭

- 그는 몇 차례나 권유를 받았음에도 끝내 회장 자리를 고사했다.
- 여우주연상 수상을 고사한 이유에 대해 온갖 추측이 난무한다.
- 자신의 생각을 끝까지 고수하는 것이 최선의 방법은 아니다.

뉴스에서 종종 장관 제의를 고사했다는 소식을 듣지? 이때의 고사가 무슨 뜻인지 알고 있었어? 몰랐지만 귀찮아서 넘어갔다고? 예전엔 나도 그랬으니까 이해할 수 있어. 하지만 이제부터는 모르는 단어가 나오면 국어사전을 펼쳐 보는 습관으로 삼는 게 어때?

고사는 단단할 고固와 사양할 사辭로 이뤄진 단어로 단단하게(완고하게) 사양한다는 의미야. 관직이나 선물 등을 단호하게 거절하고 받아들이지 않을 때 쓰는 말이지. 즉 일반적으로는 기분 좋게 받아들일 제의나 권유를 한사코 사양할 때 쓰는 표현이야. 비슷한 말에 사양이 있는데 겸손하여 응하지 않거나 받지 않는다는 의미지. 고사는 사양보다 훨씬 강하게 거절한다는 뉘앙스를 풍기는 단어야.

고사하는 사람에게 받아달라면서 부탁할 때 쓰는 말이 재고인데 다시 재再와 생각할 고考로 다시 한 번 더 생각해 달라는 뜻이야. "재고해주시면 감사하겠습니다"라고 쓰지. 비슷한 음의 제고는 다른 단어야. 끌 제提와 높일 고高로 높이 끌어올린다는 의미지. "경쟁력 제고

방안을 생각해 달라"라고 쓰이곤 하지.

우리말에는 유난히 동음이의어가 많은데 고사라는 말 역시 많은 동음이의어를 갖고 있어. 성적이나 능력 등을 자세하게 검사해서 평가하는 시험은 고사考查라고 하는데 조사할 고考와 조사할 사查로 이뤄진 단어야. 고사故事는 예부터 전해 내려오는 유서 깊은 일을 의미하는 말로 옛 고故와 일 사事로 이뤄진 단어지. 고사告祀는 계획하는 일이나 집안이 잘되게 해 달라고 음식 등을 차려놓고 신령에 제사지내는 일을 뜻하는 말로 알릴 고告와 제사 사祀로 이뤄진 단어야. 고사枯死는 풀이나 나무 등이 말라서 죽는 것을 뜻하는데 마를 고枯와 죽을 사死로 이뤄진 단어야.

고수固守는 또 다른 의미란다. 단단할 고固와 지킬 수守로 이뤄진 이 단어는 차지한 것이나 어떤 입장을 굳게 지키는 것을 말하지. "기존 원칙을 고수했다", "할머니는 여전히 흰 쌀밥에 쇠고깃국을 고수하셨다" 등의 문장에서처럼 쓰지.

단단할 고固는 고체, 고유명사, 고정관념, 응고, 고유어, 응고, 고착화, 고집불통, 고유문화, 왕고집 등의 단어에서 쓰였어.

사辭는 고사에서는 사양하다는 의미로 썼지만 실제로는 말이나 떠나다는 의미로 쓸 때가 많단다. 사전, 축사, 미사여구, 추도사, 수사법에서의 사는 말이라는 의미고, 사표, 사퇴, 사임, 사의, 사직서에서는 떠나다란 의미야.

백의종군 白衣從軍

이순신 장군은 뛰어난 전략 전술로 왜군을 물리쳤다는 점에서 위대하지만 나라 사랑하는 마음과 그의 백의종군도 매우 존경스러워. 백의종군은 흰 백白, 옷 의衣, 따를 종從, 군대 군軍으로 이뤄진 말로 흰옷을 입고 군대를 따른다는 의미야. 벼슬이나 직위 없이 말단 군인으로 싸움터에 나간다는 뜻으로, 오늘날엔 보수와 직책 없이 열심히 일할 때 사용한단다.

백의는 글자 그대로 물감을 들이지 않은 흰옷을 가리키는 말이야. 우리 민족은 예부터 흰옷을 즐겨 입었기에 백의민족이라 불렸어. 19세기 조선을 다녀간 많은 외국인들은 조선인들이 남녀를 막론하고 모두 흰옷을 입고 있다는 사실이 매우 인상적이었다고 했어. 그 정도로 흰옷은 우리 민족의 상징이었어. 그 사실은 일제강점기에 특히 두드러졌지. 우리를 지배하고 억압하던 일본인의 무색옷과 확연히 대조되었기 때문이야. 일제강점기 우리 민족은 항일 정신을 표현하기 위해 백의를 강조하기도 했어.

무색옷도 흰옷 아니냐고? 여기서 말하는 무색의 무는 없을 무無가 아니야. 물감을 물들인 색의 줄임말인 물색에서 'ㄹ'이 탈락해서 무색이 되었으므로 물감을 들인 옷을 무색옷이라고 해.

간호사를 백의 천사라고 하는 이유 역시 간호사가 흰옷을 입기 때문이야. 의료인들이 흰옷을 입는 이유는 아무래도 청결을 위해서겠지? 천사는 환자의 고통을 줄여 주려는 사랑의 마음과 행동을 반영한 말이야. 순결하고 선량한 사람을 비유할 때도 천사라는 말을 많이 쓰잖아. 그런데 천사는 글자 그대로 하면 하느님 천天과 심부름꾼 사使로 이뤄진 단어로 하느님의 심부름꾼이라는 의미야.

종군은 '따를 종從'과 '군대 군軍'으로 이뤄진 단어로 군대를 따라 전쟁터에 간다는 뜻이지. 전쟁터에서 전투 상황을 보도하는 기자는 종군기자. 전쟁에 직접 참여해서 체험한 이야기나 목격한 전쟁 상황을 작품으로 창작하는 사람은 종군작가. 전쟁터에서 다친 병사를 간호하는 임무를 띠고 군의 명령에 복종할 의무를 수행하는 간호사는 종군간호사, 군대를 따라다니면서 전쟁터의 상황을 보도하는 기자를 '종군기자'라고 한단다.

듣기만 해도 분노와 슬픔이 솟구치는 단어가 종군위안부야. 글자 그대로는 군대를 따라다니면서 군인들을 위로하고 편안하게 해 주는 여자라는 의미지. 이는 2차 세계대전 중 일본군의 성적 욕구 해소를 위해 강제 동원된 조선인 할머니들을 일컫는 말이야. 요즘은 따를 종이라는 글자의 의미가 자발적으로 따랐다는 뉘앙스를 풍긴다는 이유로 논란이 일면서 종군위안부라는 말 대신 일본군위안부라는 말을 쓴단다.

피랍 被拉

- 테러 조직 손아귀에서 7년, 성인이 된 피랍 소녀들 필사의 탈출.
- 테러단체에 의한 민간 항공기 피랍 사건 이후 공항에서는 보안을 강화했다.
- 피랍 당시의 상황을 자세히 말씀해 주십시오.

"하늘이 무너져도 솟아날 구멍이 있다"는 말을 실감할 때가 있어. 한 오스트레일리아 여성은 피랍되어 흉기에 찔린 채 자동차 트렁크에 갇히자 트렁크 후미등을 떼 내고 그 구멍으로 손을 내밀었어. 마침 그 자동차 뒤에 있던 트럭의 운전기사가 후미등 구멍으로 뻗어 나온 여성의 손을 발견하고 경찰에 신고했지. 여성은 무사히 구조되었다고 해.

피랍은 당할 피被와 끌어갈 랍拉으로 이뤄진 단어야. 끌어감을 당했으니 납치당했다는 의미지. 즉 자기 의사와는 관계없이 끌려갔다는 말이야. 여기서의 당할 피는 자주 쓰는 글자라서 꼭 알아 둘 필요가 있어. 당할 피가 들어간 단어는 상당히 많아. 의심을 당한 사람이라는 피의자, 해로움을 당한 사람이라는 피해자, 죽임을 당했다는 피살, 고소당한 사람이라는 피고, 움직임을 당했다는 피동, 습격당했다는 피격, 사진 찍힘을 당한 물체라는 피사체, 수식당하는 말이라는 피수식어, 보험 혜택을 당하는 사람이라는 피보험자 등의 단어를 그 예로 들 수 있지.

납치, 납북, 교섭, 석방이라는 단어도 알아 두어야 해. 사람이나 항공기, 배 등을 위협해서 강제로 끌고 가는 것을 납치, 북한으로 억지로 데려가는 것을 납북, 어떤 일을 이루기 위해 서로 의논하고 절충하는 것을 교섭, 잡혀 있는 사람을 풀어 주는 것을 석방이라고 하지. 납북과 월북은 의미가 어떻게 다를까? 북쪽으로 넘어간다는 건 같지만 자진해서 갔을 땐 월북, 강제로 끌려가면 납북이라고 한단다.

나포는 붙잡을 나拿와 사로잡을 포捕로 이뤄진 단어로 사람이나 배, 비행기 등을 붙잡는 것을 의미하는 말이야. "경찰은 한 시간여를 추적한 끝에 살인 용의자를 나포하는 데 성공했다", "영해를 침범해 조업 중이던 외국 어선이 우리 해경에 나포되었다" 등의 문장에서처럼 쓴단다. 이때 영해는 거느릴 영領과 바다 해海로 이뤄진 단어로 자기 나라가 거느리는 바다라는 의미야. 즉 영토에 인접해 그 나라의 주권이 미치는 범위의 바다를 일컫는 말이지.

우리 헌법 제3조는 "대한민국의 영토는 한반도와 그 부속도서로 한다"라고 규정하고 있어. 한반도와 한반도 주변의 모든 섬을 영토에 포함한다는 의미지. 영토는 땅에 한정되지 않고 땅에 맞닿은 일정 범위의 바다인 영해, 땅과 바다 위 영공까지 모두 포함하는 말이야.

조업은 다룰 조操와 일 업業으로 이뤄진 단어로 일을 다룬다는 뜻이지. 공장이나 어선 등에서 기계 따위를 움직여 일하는 것을 조업이라고 해.

필사의 탈출이라는 말 들어 보았지? 필사는 반드시 죽는다는 뜻도 되지만 반드시 죽을 수 있음을 알면서도 포기하지 않는 것으로 해석하는 게 좋아. 사전상으로는 '죽을힘을 다함'이란 뜻이지.

자기 나라가 거느리는 바다를 영해라고 한다고 했는데 그렇다면 공해는 뭘까? 여기서의 공은 여러 공公이야. 어느 나라 주권에도 속하지 않는 바다, 여러 나라가 공통으로 사용할 수 있는 바다를 의미하는 단어야.

사면赦免

- 피선거권을 뺏긴 그는 사면을 통해 복권되지 않으면 다음 선거에 출마하지 못한다.
- 그에 대한 사면 복권 결정은 현 정권의 도덕성에 흠집을 남길 것이다.
- 지금은 전직 대통령 사면을 이야기할 때가 아니야. 국민 공감대 형성이 중요하니까.

사면은 용서할 사赦와 벗어날 면免으로 이뤄진 단어로 죄를 용서하여 형벌을 받는 일에서 벗어나게 해 준다는 의미야. 대통령이 가진 권한 중하나로 범죄인에 대한 형벌권의 전부 또는 일부를 면제하여 교도소에서 사회에 나오게 해 주거나, 상실한 자격까지 회복시켜 주는 대단한 권한이지.

법치주의국가에서는 법원이 형을 선고하며, 이는 그 어떤 권력과 힘으로도 변경할 수가 없어. 그런데 유일한 예외가 대통령의 사면권이야. 사면은 일반사면과 특별사면으로 나뉘는데 "특정 범죄를 저지른 모든 사람의 처벌을 일괄적으로 면제"하는 것을 일반사면, "특정 범죄인에 대한 형집행을 면제하거나 유죄 선고의 효력을 상실시키는 대통령의 조치"를 특별사면이라고 한단다. 특별사면은 특사라고도 하지.

교도소는 범죄자 중에서 징역, 금고, 구류 등의 확정판결을 받은 사람들을 수용하는 시설이야. 바로잡을 교矯, 이끌 도導, 장소 소所로 이뤄진 이 단어는 죄지은 사람을 바로잡아 올바른 길로 인도하는 장소라는 의미야. 지은 범죄의 대가를 치르는 장소라기보다는 건전한 사회인으로 복귀시키기 위한 장소라는 뜻이지. 1961년 이전에는 형무소라고 불렸는데 형벌 형刑과 힘쓸 무務가 들어간 이 단어는 형벌을 받게 함으로써 잘못에 대한 의무를 이행하는 장소를 의미했어.

교도소는 구치소나 유치장과 어떻게 다를까? 구치소는 잡을 구拘, 가둘 치置, 자리 소所로 이뤄진 단어로 구속된 사람을 가두는 장소라는 뜻이야. 구속영장을 받은 후 재판이 진행 중에 있는 사람, 아직 형을 선고받지 않은 사람을 가두어 두는 곳이지. 머무를 유留 자가 들어간 유치장이라는 단어는 잠시 머무르도록 가두어 두는 장소라는 뜻이야. 그러니까 아직 구속영장을 발부받지 않은 사람을 영장이 발부

미친 어휘력 ①

될 때까지 가두어 두는 경찰서 내에 있는 구금 장소를 말하지.

정리하면 죄를 저지른 사람은 제일 먼저 유치장에 있다가 구치소로 옮겨가고, 법원의 판결을 받은 후에는 교도소로 가게 돼. 곧바로 구치소에 가는 경우는 있어도 교도소에 바로 가는 경우는 없다고 보면 된단다.

형벌권의 전부 또는 일부를 면제하는 것을 사면이라고 했으며 사면이 되면 상실한 자격을 회복할 수 있다고 했잖아. 이때 일부만 면제하는 것을 감형이라고 해. 감형은 덜 감滅과 형벌 형刑으로 이뤄진 단어로 형을 덜어 적게 해 주는 것을 말하고, 복권은 회복할 복復과 권리 권權으로 이뤄진 단어로 법률상 일정한 자격이나 권리를 상실한 사람의 자격이나 권리를 회복시켜 주는 일을 의미하지. 복권이 되면 잃었던 피선거권을 다시 얻을 수 있기 때문에 정치인에게는 매우 중요한 의미가 있는 말이야.

형집행정지 제도는 형을 집행하는 일을 그만두도록 한다는 의미지. 즉 교도소에서 나오게 한다는 말이야. 이는 인도적 차원에서 수형자에게 형집행을 계속하는 것이 가혹하다고 판단되는 일정한 사유가 있을 때 검사의 지휘로 형벌의 집행을 정지하는 것을 뜻해. 보통은 수형자의 건강이 극도로 악화되었을 때, 의사 표현 능력이 사라졌을 때, 생명을 보전하기 어렵다고 인정될 때 시행한단다.

집행유예 執行猶豫

- 피고인은 두 아이의 엄마라는 점이 참작되어 집행유예를 선고받았다.
- 대표는 막대한 돈으로 유명한 변호사를 쓰는 바람에 집행유예로 풀려날 수 있었다.
- 그는 누범이기 때문에 아마도 집행유예가 불가능할 것이다.

"이런 나쁜 사람에게 집행유예라니?", "징역 3년에 집행유예 5년을 선고했다" 등의 표현에서 볼 수 있는 집행유예라는 단어는 집행과 유예를 더한 합성어야. 집행은 잡아서 행한다, 유예는 미루거나 늦춘다는 의미지. 즉 유죄 형을 선고하면서 이를 즉시 집행하지 않고 일정 기간 형의 집행을 미루어 주는 것을 집행유예라고 해. 그 기간에 잘못을 저지르지 않으면 선고했던 형의 효력을 상실케 하는 제도로서 가벼운 죄를 범한 사람이나 초범자에게 많이 적용한단다. 집행유예를 받은 사람은 어떤 반응을 보일까? 무죄 선고를 받지 못했으니 못마땅할 수 있지만 일단은 교도소가 아닌 집으로 갈 수 있으니 기쁘지 않을까?

형의 집행을 미루어 준다!

매우 가벼운 죄라고 판단할 때는 선고유예를 내리기도 해. 징역 몇 년을 내릴지 선고하는 것을 미룬다는 의미야. 죄가 없다고 보기는 힘들지만 크지 않은 죄라고 판단해 선고를 미루는 것으로 해석할 수 있지. 이 또한 집행유예와 마찬가지로 특별한 잘못 없이 유예기간을 보내고 나면 형을 선고할 필요 자체가 사라진단다.

징역과 금고는 어떻게 다를까? 간단히 말해 일을 시키느냐, 일을 시키지 않느냐의 차이야. 병역, 노역, 악역, 고역, 부역, 사역 등의 단어에서 보듯이 역役이 일을 한다는 의미, 고禁가 가두다라는 의미임을 떠올리면 돼. 죄인을 교도소에 가두고 일을 시키는 형벌이 징역이고, 교도소에 가두어 두기만 할 뿐 노역은 시키지 않는 형벌이 금고라는 사실, 이제부터는 헷갈리지 않겠지?

여기서 잠깐! 교도소 재소자들이 만든 제품을 판매한다는 사실 알고 있니? 교도소에서 만든 물건들은 수형자들의 기술 연마와 근로정신 함양을 위한 것이라서 저렴하게 판매한다고 해. 발생한 이윤은 수형자들에게 작업 장려금으로 지급하고 말이지. 그들의 성공적 사회 복귀에 실질적 도움을 줄 수 있으니 기회가 되면 구매해 보면 어때? 참고로 교도소 온라인 쇼핑몰에서도 살 수 있어.

"변호사법 위반 혐의로 기소했다"라는 문장을 볼까? 여기서 기소는 일으킬 기起와 소송할 소訴로 이뤄진 단어로 소송을 일으킨다는 의미야. 즉 법원에 심판해 달라고 요구하는 일을 말하지. 공소라는 말도 있는데 숨김없이 드러낼 공公과 소송할 소訴로 이뤄진 이 단어는 숨김없이 드러내 놓고 소송한다는 의미로 검사가 특정한 형사사건에 대해 법원에 재판을 청구하는 일을 뜻하는 말이야.

고소와 고발의 차이점은 무엇일까? 고소는 "피해자나 피해자의 법적 대리인이 수사기관에 범죄 사실을 신고하여 기소를 요구하는 의사 표시", 고발은 "피해자 아닌 제3자가 수사기관에 범죄 사실을 신고하여 기소를 요구하는 의사 표시"로 이해하면 좋아. 고소는 "억울해서 소송하겠음을 알린다"로, 고발은 "사건이 발생한 것을 보았기 때문에 알린다"로 이해하면 헷갈리지 않겠지?

혹시 사법부의 의미를 생각해 보았어? 맡을 사司, 법 법法, 관청 부府로 이뤄진 이 단어는 법을 맡은 관청이라는 뜻이야. 고려시대와 조선시대에는 사헌부라는 관청이 있었어. 맡을 사와 법 헌憲이 들어간 말로 정치를 논의하고, 풍속을 바로잡으며, 관리들의 잘못을 조사해서 탄핵하는 일을 맡아보던 관아를 의미했지. 즉 법을 맡아 다스리는 관청이라는 뜻이야. 조선시대에는 임금께 옳지 못하거나 잘못된 일을 고치도록 말하는 일을 맡은 관아를 사간원이라고 했어. 간언하는 일을 맡은 관청이라는 의미였지. 모임이나 예식에서 차례에 따라 일을 진행하는 사람을 사회자라고 부르는데 맡을 사, 회의 회, 사람 자로 회의를 맡은 사람이라는 뜻이야.

어떤 사건에 대해 판사에게 재판해 달라고 요청할 가치가 있는지 없는지 검사하는 사람을 검사라고 해. 검사는 검사할 검檢과 사건 사事로 이뤄진 단어야. 판사는 죄가 있는지 없는지를 판단하고, 죄가 있다면 얼마만큼인지 판가름하는 사람을 뜻하지. 변호사는 어떤 의미일까? 말 잘할 변辯, 보호할 호護로 이뤄진 이 단어는 말을 잘해서 의뢰인을 보호하는 사람이라는 의미야.

알아봐, 경제 어휘

2

추경追更

- 여야는 원내대표 회담을 통해 수해 복구를 위한 추경 편성에 합의했다.
- 정부가 사상 최대 규모의 추경 예산안을 제출하자 야당은 총리의 사과를 요구했다.
- 추경 예산안이 내년 총선용으로 쓰일 우려가 있으니 충분한 심의가 필요하다.

언어는 의사소통을 위한 중요한 도구인데 요즘은 줄임말 사용이 부쩍 늘면서 의사소통이 잘 안 되는 문제를 종종 목격하게 돼. 특히 줄임말이 세대 간 의사소통에 걸림돌로 작용한다는 생각이 들면 조금 서글퍼지기도 해. 줄임말은 경제적이라는 장점이 있지만 처음 듣는 사람들에게 소외감과 상대적 박탈감을 줄 수도 있어. 심지어 의사소통에 장애를 가져오기도 하니 생각해 볼 문제야.

그런데 사실은 한자어에도 줄임말이 많단다. 추가경정예산追加更正豫算의 줄임말인 추경을 그 예로 들 수 있어. 예산 부족이나 그 밖의 특별한 사유로 인해 이미 성립한 본예산을 변경하여 다시 정한 예산을 추경이라고 하지. 쫓을 추追와 더할 가加로 이뤄진 추가追加라는 단어는 나중에 더하여 보탠다는 의미야. 고칠 경更이 들어간 단어인 경정은 바르게 고친다는 뜻이고. 그러므로 추가경정예산은 추가로 고쳐서 바르게 만든 예산을 말하지. 예산은 미리 예豫와 계산할 산算으로 이뤄진 단어로 필요한 비용을 미리 계산해 놓은 돈을 의미해.

처음부터 정확하게 예산을 짜면 될 텐데 왜 추경이 필요하냐고? 맞는 말이지만 그렇게 하기가 쉽지는 않아. 세상살이가 본디 뜻대로 되질 않잖아. 집안 살림을 하다 보면 생각지도 못한 돈을 써야 할 때가 있듯이 나라 살림을 할 때도 예상치 못한 돈이 필요한 경우가 생기게 마련이야. 아니, 집안 살림보다 나라 살림 규모가 훨씬 크기 때문에 그런 일이 더 많이 발생하지. 그러니 더 많은 추경이 필요하단다. 이를테면 나라 예산을 짜던 시기에는 코로나 사태가 발생하리라곤 생각하지 못했을 거야. 그렇다고 국가가 나 몰라라 할 수는 없잖아. 코로나로 힘든 사람들뿐 아니라 이런저런 일로 고통받는 사람들을 도와주어야 하고, 계획에 없던 사업을 해야 할 때도 있으니 예상보다 많은 돈이 필요해.

경상비라는 말 들어 보았니? 정부 회계건, 기업 회계건 모든 예산에서는 경상비가 가장 많은 비중을 차지한단다. 경상비는 지날 경經, 항상 상常, 비용 비費로 이뤄진 단어로 시간이 지나더라도 항상 들어가는 비용이나 일정한 상태에서 계속 변동이 없는 비용이라는 의미야. 즉 규칙적·연속적으로 반복 지출되는 경비를 뜻하지. 대표적 경상비로는 인건비(급료)가 있어. 임대료, 사무용품비, 통신비, 광고비 등도 여기에 해당되지.

언어의 특성으로 역사성을 들 수 있어. 세월이 흐르면 인간이 여러 가지 측면에서 변해 가듯 언어 역시 고정불변하지 않고 시대와 환경에 따라 생성, 변화, 소멸의 과정을 겪는다는 뜻이야. 즉 있던 말이 사라지기도 하고, 의미가 변하기도 하며, 새로운 말이 생겨나기도 하지. 그러니 낯선 줄임말을 접하더라도 짜증을 내기보다 받아들이려 노력해야 겠지. 세상이 아무리 변해도 소통이 그 무엇보다 중요한 가치라는 사실은 변함이 없을 테니.

중위소득 中位所得

- 중위소득 계층은 사교육비 부담을 가장 크게 느끼는 계층이다.
- 셋째 아이 대학 등록금은 모든 사람이 아닌 중위소득 200% 이하에만 지원한다.
- 치매 치료 관리비는 국가가 기준 중위소득 120% 이하에만 지원한다.

소득은 '~바 所'와 '얻을 득得'으로 이뤄진 단어로 '얻은 바'라는 의미야. 노동의 결과 얻은 정신적·물질적 이익을 가리키는데, 이자나 임대료 등도 포함해. 중위는 중간 정도 위치나 직위라는 뜻이지. 그러므로 중위소득이란 전국 모든 가구를 소득별로 줄 세울 때 한가운데에 있는 가구의 소득을 가리키는 말이야. 평균소득은 이와는 다른 개념으로 일정 기간 전체 가구의 총소득을 합산한 뒤 평균을 낸 한 가구당 소득을 뜻해. 100만원, 30만원, 20만원의 중위소득은 30만원이지만 평균소득은 50만원이 되는 거야.

　　중위소득의 단위는 %이며, 중위소득 100%는 우리나라 모든 가구를 통틀어 정확히 중간에 있는 가구의 소득을 의미해. 중위소득 75% 이하는 소득 순위가 중위소득보다 25% 아래에 있다는 뜻으로 이해하면 돼. 중위소득이 100만원일 때 중위소득 75% 이하는 소득

이 75만원 이하인 가구를 말한단다. 보건복지부에서는 매년 중위소득을 새롭게 고시하고 있어.

정부가 중위소득이라는 개념을 도입한 것은 상대적 빈곤을 관리하기 위해서야. 인간은 절대적인 것보다 상대적인 것에 집중하는 경향이 있어. 나는 90점을 받았는데 학교 평균이 95점이라면 기뻐할 수가 없어. 반대로 나는 50점을 받았지만 학교 평균이 25점이면 웃을 수 있지.

명절에 큰아버지께 용돈 2만원을 받았다 치자. 그동안 만원을 받다가 두 배를 받았으니 기분이 좋아져서 어른이 되면 큰아버지께 용돈을 많이 드리겠다고 다짐했어. 그런데 가만 보니 옆에 있던 형에겐 3만원을 주시지 않겠어? 갑자기 감사의 마음이 사라지고 오히려 서운한 느낌이 들지. 이런 게 바로 인간의 마음이야. 인간은 절대적이 아니라 상대적으로 생각하는 경우가 훨씬 많아. 내 주머니 속 액수보다는 다른 사람들 주머니에 든 돈이 나보다 많은지 적은지가 중요하다는 말이야.

기초 생활 수급자는 기초 생활이 가능하도록 국가가 기초 생활비를 지원하는 사람이란 의미야. 소득인정액이 중위소득 30~50% 이하로 소득이 최저생계비에 못 미치는 사람들이지. 현재 우리나라 기초 생활 수급자들 중 생계급여는 중위소득 30% 이하, 의료급여는 중위소득 40% 이하, 주거급여는 중위소득 45% 이하, 교육급여는 중위소득 50% 이하인 사람들에게 지급하고 있어. 중위소득 50% 이하인 계층을 차상위 계층이라고 하는데 여기서의 차는 '다음 차次'로 기초 생활 수급자 다음, 그러니까 그 바로 위에 있는 계층이라는 의미야. 즉 기초 생활 보장법 수급 대상은 아니지만 그 위 단계인 잠재적 빈곤층을 가리키는 말이지. 소득은 최저생계비 이하이지만 자신을 부양할 만한 가족이나 재산이 있어 기초 생활 수급자 대상에서 제외된 계층을 뜻한단다.

종부세 綜不稅

- 신규 종부세 부담자가 14만 7,000명으로 고가 주택 소유자일수록 종부세 부담이 커졌다.
- 종부세를 폐지하면 조세 불균형이 더욱 심화될 것이다.
- 부동산 거래 활성화로 종부세가 전년 대비 42.6% 증가했다.

가정과 마찬가지로 한 나라도 살림을 꾸려 가는 데 돈이 필요해. 이를 위한 나랏돈은 기업과 국민들 호주머니에서 나올 수밖에 없어. 그래서 국민들은 세금을 내야 한단다. 여기서 세稅는 거두다, 금金은 돈이라는 의미야. 즉 세금은 국민들에게 거두어들이는 돈이라는 뜻이지.

세금은 어디에 쓸까? 다리·철도·고속도로를 만들고, 군인·경찰·소방관 등 공무원에게 월급을 주며, 국토방위에 필요한 무기를 사고,

가난하고 힘든 사람들을 도울 뿐 아니라 공원·운동장·학교를 짓는 데도 사용해. 이처럼 나라 살림을 하는 데는 많은 돈이 있어야 하므로 세금이 필요하단다.

소득이 있을 때 내는 소득세, 회사가 이익을 남겼을 때 내는 법인세, 재산을 보유한 사람이 내는 재산세, 물건을 살 때 가격에 포함되는 부가가치세 등 매우 다양한 종류의 세금이 있어. 세금을 국세와 지방세로 분류하기도 하는데 나라 살림을 위해 국가에 내는 세금을 국세, 지방자치단체의 살림을 위해 내는 세금은 지방세라고 하지.

종부세는 종합부동산세의 줄임말이야. 부동산 투기 수요를 억제하고 부동산 가격을 안정시키려는 목적으로 2005년부터 시행하고 있지. 종부세는 부동산 보유 정도에 따라 조세의 부담 비율을 달리하는 세금이라 할 수 있어. 또 주택에 대한 종합부동산세와 토지에 대한 종합부동산세를 합한 금액이기도 해. 종부세는 누진세율을 적용하여 부과한단다. 누진세율은 쌓일 루累와 나아갈 진進이 들어간 단어로 과세 대상의 수량이나 가격이 증가함에 따라 점차 증가하는 세율을 의미하는 말이야. 어렵지 않아. 100원에는 10원을 부과하지만 200원에는 20원이 아닌 25원을, 300원에는 42원을, 500원에는 90원을 부과하는 것이 누진세율을 따르는 방식이야. 이제 이해했지?

부동산 투기로 벌어들인 불로소득에는 더 많은 세금을 부과해야 한다고 주장하는 사람들도 있어. 투기는 던질 투投와 기회 기機로 이뤄진 단어로 기회를 엿보아 큰 이익을 보려고 돈을 던지는 행위를 일컫지. 불로소득은 노동을 하지 않고 얻는 소득이라는 뜻이야.

양도세는 넘겨줄 양讓과 건넬 도渡로 이뤄진 단어로 돈을 받고 토지나 건물 등을 넘겨줄 때 얻은 차액소득에 대해 부과하는 세금이란 의미야. 취득세는 부동산, 자동차, 광업권 등을 취득할 때 부과하는 세금이고, 증여세는 증여받은 재산을 대상으로 증여받은 사람에게 물리는 세금이며, 상속세는 물려받은 재산에 부과하는 세금이지.

증여세와 상속세는 어떻게 다를까? 부모님이 살아 계실 때 물려받으면 증여세를, 돌아가신 후 물려받으면 상속세를 내야 해. 간단하지?

독과점 獨寡占

- 정부 주도하에 경제성장을 이룬 나라 대부분은 독과점 현상을 빚었다.
- 독과점을 한 몇몇 업체가 공정거래법 위반 혐의로 검찰에 고발되었다.
- 공익 목적을 실현하기 위해 의도적으로 독과점시장을 형성하는 경우가 있다.

"독과점이라는 지위를 이용해 상품 가격을 인상했다" 혹은 "독과점 금지법 위반을 조사했다" 등의 뉴스를 들은 적이 있을 거야. 독과점은 독점과 과점을 아울러 이르는 말이야. 독점은 홀로 독獨과 차지할

점占으로 이뤄진 단어로 홀로 차지한다는 의미이며, 적을 과寡가 들어간 과점寡占이란 단어는 적은 수의 기업이 어떤 상품시장의 대부분을 차지한다는 의미야. 그러니까 하나의 기업이 시장을 점유한 상태인 독점과 두 개 이상 기업이 시장을 장악한 과점을 합해서 독과점이라고 말하지. 경쟁이 없는 시장 형태인 독과점시장에서는 완전경쟁시장보다 가격이 높아질 수밖에 없어.

독점시장이나 과점시장에서 결정되는 상품이나 용역의 가격을 독과점 가격, 특정 상품의 시장을 전적으로 또는 대부분 지배해서 경쟁자 없이 행하는 사업을 독과점사업, 독점과 과점이 형성된 시장구조

를 독과점 구조라 하지. 쓸 용用과 일 시킬 역役으로 이뤄진 용역이란 단어는 사람을 써서 일을 시킨다는 의미야. 즉 생산과 소비에 필요한 육체적·정신적 노력을 제공하는 것을 말하지. 특정 상품의 시장을 전적으로 지배해서 경쟁자 없이 행하는 체제를 일컫는 독과점 체제도 있어. 스크린 독과점이라는 말을 들어 보았니? 소수의 영화가 대부분의 상영관을 차지해서 상영되는 현상을 뜻하는 말이야.

독과점에 관해 이야기할 때 빠질 수 없는 단어가 담합과 카르텔이야. 독과점 업체들은 담합을 통해 멋대로 가격을 정하고, 카르텔을 형성해서 이윤을 높이거든. 담합은 말씀 담談과 합할 합合으로 이뤄진 단어로 두 사람 이상이 말을 합해 하나로 만든다는 의미야. 남들 모르게 자기들끼리 미리 짜고 약속했다는 뜻으로 경쟁입찰에서 몇몇 참가자들이 서로 짜고 입찰 가격이나 낙찰 대상자 등을 정해 실질적 경쟁을 제한하는 행동을 뜻하지.

카르텔은 동일 업종에 있는 기업들이 경쟁의 제한 또는 완화를 목적으로 가격, 생산량, 판로 등에 대한 협정을 맺음으로써 형성하는 독점 형태야. 같은 종류의 생산품을 제조하는 기업 끼리 판매 가격을 협정하는 카르텔은 가격카르텔이라고 해. 이때 협정되는 가격은 가격 인하를 막고 경쟁을 배제하기 위한 최저 판매 가격이야. 이렇게 일정 가격 이하로는 제조품을 판매하지 않는다고 합의하는 것이 가격카르텔인데, 대부분의 국가에서는 이로 인한 기업의 횡포에서 소비자를 보호하기 위해 독점을 규제하고 공정거래에 관한 법률을 만들어 독과점을 금지한단다. 이를 독과점법이라고 하는데 독과점 활동을 제한하여 소비자를 보호하고, 중소기업을 보호 육성하기 위한 법이야. 공정거래위원회는 매년 독과점사업자를 적발하고 이들의 불공정 행위에 대해 일반 사업자에 비해 강한 제재를 가하고 있어.

침묵의 카르텔이라는 말은 익숙할 거야. 함께 침묵하자고 약속한다는 의미인데, 사회 집단이나 이해 집단 내에서 특정 문제가 발생했을 때 그 집단의 구성원들이 침묵하고 외면함으로써 사건이 은폐되는 사회 현상을 이르는 말이야. 비겁하고 정의롭지 못한 침묵이라고 할 수 있지.

분식회계 粉飾會計

- 분식회계 전반에 대한 법적 대응을 빠르게 진행할 계획이다.
- 분식회계와 부실 감사가 발생한다면 동학개미의 피해는 상상 이상일 것이다.
- 분식회계가 있었다는 금융 당국의 판단에 반박하는 기자회견을 열었다.

기업이 자산이나 이익 등을 크게 부풀리고 부채를 적게 계산하여 재무 상태나 경영 성과, 재무 상태의 변동을 고의로 조작하는 회계를 분식회계라고 해. 분식회계의 목적은 부실을 감추려는 것일 때가 가장 많아.

회계는 모을 회會와 계산할 계計로 이뤄진 단어로 모아서 계산한다는 의미야. 나가고 들어오는 돈을 따져 셈하는 일을 일컫지. 그럼 분식은 어떤 의미일까? 단장할 분粉과 꾸밀 식飾으로 이뤄진 분식이라는 단어는 실제보다 좋게 보이려고 단장하여 거짓으로 꾸민다는 뜻이야. 내용 없이 거죽만 좋게 꾸민다는 말이지. 주가를 높이거나 외부자금을 저렴하게 많이 들여오기 위한 것 등이 분식회계의 목적이기도 해.

역분식이란 것도 있어. 역逆은 거스르다는 의미로 많이 쓰지만 여기서는 거꾸로라는 의미야. 분식회계의 반대라는 뜻이니까 일부러 이익을 적게 표시하는 것, 즉 기업의 이익을 실제보다 줄이는 회계를 가리키는 말이야. 역분식을 하는 이유는? 세금을 덜 내기 위해서 하거나 직원들의 임금인상 요구가 두려워서 그러는 경우도 있어. 때론 지나치게 이익을 남긴다는 비판을 피하기 위해서인 경우도 있어. 이익을 위해 거짓으로 부풀리기도, 줄이기도 한다고 해.

분粉은 단장하다, 가루의 의미로 쓰이고 때로는 분(화장품)이라는 의미로 쓰기도 해. 가루를 분말, 가루처럼 곱게 부스러뜨리는 것을 분쇄, 수분을 증발시킨 후 농축해 가루로 만든 우유를 분유라고 하지. 얼굴에 분을 발라 맵시 나게 꾸미는 일을 분단장이라고 한단다.

분홍색의 정확한 뜻은 무얼까? 흰색과 붉은색이 섞였다는 의미야.

가루는 대부분 흰색이라서 분에는 흰색이라는 뜻도 있거든. 흰색과 붉은색을 합하면 나오는 색이 바로 분홍색이잖아. 연분홍軟粉紅은 연할 연軟이 들어가니 연한 분홍색을 말하겠지.

사실 한자는 과학적으로 조합된 글자야. 分(분)이 들어간 글자는 '분'으로 발음하거나 '나누다'는 의미로 쓰인다는 사실을 알아 두면 좋아. 실이 나뉘고 꼬이면 어지러워지겠지? 그래서 분에 실 사絲를 더하면 '어지러울 분紛'이 된단다. 그릇 명皿을 더하면 '동이 분盆', 마음 심心을 더하면 마음이 찢어졌기에 '성낼 분忿', 비 우雨를 더하면 비가 나뉜 것이니 '안개 분雰', 입에서 나누어 내보내는 일은 '뿜을 분吩'이 돼. 태양빛이 나뉜 것은 '햇빛 분昐', 쌀이 나뉜 것은 '가루 분粉'이 되는 거야.

매각賣却

- 수의계약에 의한 매각이어서인지 뒷말이 매우 많았다.
- 세입자였던 사람에게 건물을 매각했다.
- 시세 변동이 심해서 부동산 매각 여부를 쉽게 결정하지 못하고 있다.

보유 자산을 매각했다거나 회사 매각을 고민한다는 말 들은 적 있지? 매각은 팔 매賣와 없앨 각却으로 이뤄진 단어로 부동산이나 주식,

물건 등을 돈을 받고 남에게 넘긴다는 의미야. 여러 계열사로 구성된 회사 또는 토지를 일괄적으로 팔지 않고 나누어서 쪼개 파는 것을 분할매각, 기업의 자산이나 사업부를 정리해 독립된 법인으로서의 존속을 포기하고 기업을 청산하는 것을 완전매각이라고 해. 매각과 비슷한 말에 매도와 양도가 있는데 팔 매賣와 건넬 도渡로 이뤄진 매도라는 단어는 값을 받고 물건의 소유권을 다른 사람에게 건네주는 일을, 양보할 양讓과 건넬 도渡로 이뤄진 양도라는 단어는 재산이나 물건을 남에게 양보하고 건네주는 일을 뜻하지.

매각과 뜻이 반대인 매수는 살 매買와 받을 수受로 이뤄진 단어로 물건을 사서 넘겨받는다는 의미야. 매입이라고도 하는데 물건을 사들였다는 의미지. 구입과 구매도 비슷한 뜻이야. 구입은 살 구購와 들일 입入

으로 이뤄진 단어고, 구매는 들일 '입' 대신 살 '매'가 들어간 단어야.

임대와 임차라는 단어는 자주 쓰지? 빌릴 임賃과 빌려줄 대貸로 이뤄진 임대라는 단어는 돈을 받고 자기 물건을 남에게 빌려주는 일을 의미해. 반대로 빌릴 차借가 들어간 임차라는 단어는 돈을 주고 빌리는 일을 의미해. 따라서 임대인은 빌려준 사람, 임차인은 빌린 사람을 말하며, 빌려주고 빌리는 계약을 임대차계약이라고 한단다.

채무와 채권도 알아 두면 실생활에 도움이 되는 단어들이야. 빚 채債와 의무 무務로 이뤄진 채무라는 단어는 특정인이 또 다른 특정인에게 어떤 행위를 해야 할 의무를 의미하지. 권리 권權이 들어간 채권이라는 단어는 특정인이 다른 특정인에게 어떤 행위를 청구할 수 있는 권리를 일컫는 말이야. 다른 뜻을 가진 채권도 있다고? 맞아. 문서 권券이 들어간 채권債券이라는 단어도 있는데 국가, 지방자치단체, 은행, 회사 등이 사업에 필요한 자금을 차입하기 위해 발행하는 유가증권을 일컫지.

미등기전매금지라는 다소 어려워 보이는 단어가 있어. 전매는 오로지 전專과 팔 매賣로 이뤄진 단어로 담배를 판매할 때처럼 오직 한곳에서만 판다는 의미로 자주 쓰지. 하지만 여기서의 전매는 굴릴 전轉과 팔 매賣로 굴려서 판다는 뜻이야. 이를테면 아파트를 분양받은 후 등기도 하지 않고 곧바로 다른 사람에게 팔아넘기는 행위를 미등기전매라고 한단다. 미등기전매는 법으로 금지되어 있는데 아파트를 이용해서 돈을 벌려는 이러한 행위가 타인에게 손해를 끼치기 때문이야. 부동산을 미등기전매하여 거액의 차익을 챙기는 일을 방지하기 위해 정부에서 이런 정책을 시행하지. 아마도 뉴스에서 "실명제 도입과 미등기전매금지를 골자로 하는 내용의 부동산 안정 종합대책을 발표했다"라는 말을 들어 본 적이 있을 거야.

경제민주화 經濟民主化

– 경제민주화는 경제 영역에서 민주적 정책을 실현해 나가려는 사상이나 제도를 말한다.
– 공정경제 3법은 경제민주화를 위한 최소한의 장치다.
– 그동안 피땀과 눈물로 힘겹게 이룬 경제민주화를 후퇴시켜서는 안 된다.

헌법 119조 1항은 "대한민국 경제 질서는 개인과 기업의 경제상의 자유와 창의를 존중함을 기본으로 한다"라고 되어 있어. 2항은 "국가는 균형 있는 국민경제의 성장 및 안정과 적정한 소득의 분배를 유지하고, 시장의 지배와 경제력의 남용을 방지하며, 경제주체 간의 조화를 통한 경제의 민주화를 위하여 경제에 관한 규제와 조정을 할 수 있다"라고 되어 있지. 1항은 자유시장경제 원칙을 이야기하고, 2항은 그로 인한 부의 편중 등 부작용을 막기 위해 국가가 개입할 여지를 둔 거야.

어떻게 보면 1항과 2항이 모순일 수 있어. 따라서 어떤 면을 더 중요시하느냐에 따라 정책이 달라지겠지. 정치권에는 2항을 근거로 대기업에 쏠린 부의 편중 현상을 법으로 완화해야 한다는 사람들이 있어. 이들이 주장하는 경제민주화는 글자 그대로 경제를 민주화하는 일을 의미하는데, 자유경쟁의 장점을 기본으로 하면서 노동 계급을 보호하려는 정책이야. 대기업 중심 산업구조에서는 중소기업이나 서민들의 경제 상황이 나빠질 수 있으니 경제민주화가 필요하다는 판단에 따른 것이지. 개인의 자유를 지나치게 침해하지 않는 범위에서 가난하거나 부유하거나 상관없이 동일한 기회를 갖도록 하는 것을 경제민주화라고 이해하면 된단다. 그런데 서민의 정확한 의미가 무엇일까? 여러 서庶와 백성 민民으로 이뤄진 이 단어는 여러 백성, 대부분의 백성이라는 뜻이야. 벼슬이나 신분적 특권을 갖지 못한 일반인이나 경제적으로는 중류 이하의, 넉넉지 못한 생활을 하는 사람들을 가리키지.

경제는 인간 생활에 필요한 재화나 용역을 생산하고 분배하고 소비하는 모든 활동을 의미하는 말이야. 본디 이 단어는 경세제민이라는 말에서 나왔어. 경영할 경經, 세상 세世, 구제할 제濟, 백성 민民으로 이뤄진 사자성어로 세상을 경영하여 백성을 구제한다는 뜻이지. 경세제민을 사람을 잘살게 하기 위한 방법으로 보아도 좋아. 경제 문제가 어려운 이유는 무엇을, 어떤 방법으로, 얼마만큼 만들지에 대한 생각이 저마다 다르기 때문이야. 인간은 너나없이 자신의 이익을 더 많이 챙기려 하니까. 만들어 내기도, 나누기도 쉽지 않고 사용하는 것 역시 어려운 문제야. 세상에 쉬운 일이 없지?

외국과의 무역을 자유롭게 할 수 있는 경제 체제를 개방경제, 수출입 등 국제경제 거래의 자유가 제한된 국민경제를 폐쇄경제라고 해. 모든 재화의 생산, 분배, 소비를 국가가 계획하고 관리하는 경제구조를 계획경제, 자유로운 경쟁 속에서 시장의 수요와 공급을 통해 상품 가격이 형성되도록 하는 경제를 시장경제라고 하지. 또한 실물경제는 이론상의 경제가 아니라 실제 사회의 움직임을 통해 파악하는 경제를 일컫는 말이야.

지하경제라는 말도 있어. 사채놀이, 부동산 투기, 마약 거래, 도박, 매춘 등 불법적 경제활동 혹은 합법적이지만 정부의 공식 통계에는 나타나지 않는 각종 경제활동을 뜻하지. 지하경제로 형성된 자금은 비생산적인 지하자금 형성에 되풀이해 쓰이거나 사치성 과소비의 원천이 되는 경우가 많아. 그럼으로써 사회악의 원천이 되는 건 당연하지.

기름값이 오르면 자동차를 가진 사람들은 경제속도에 관심을 갖게 되는데 자동차, 선박, 항공기 등이 연료를 적게 들이면서 가장 많은 거리를 운행할 수 있는 속도를 말하지. 보통 시속 70km를 경제속도라고 해. 이때의 경제는 앞서 말한 것과는 다른 개념으로 돈이나 시간, 노력은 적게 들이면서 이익은 많이 얻으려는 방법을 의미해 가격 대비 성능의 비율이라는 가성비와 비슷한 개념으로 생각하면 된단다.

비행기 좌석은 가격에 따라 비즈니스석, 이코노미석, 퍼스트석으로 분류하지. 비행기나 배를 탈 때 가격이 저렴한 좌석을 이코노미석이라고 하는데 우리말로는 경제석이라고 할 수 있겠지. 이때의 경제는 비용이 적게 든다는 의미야.

경제적 야구라는 말이 있어. 상대 팀보다 안타를 적게 치고도 득점을 많이 해서 이겼을 때 쓰는 표현이야. 타율과 방어율은 저조하지만 승률이 높았을 때도 경제적 야구를 했다고 하지. 적은 투자로 많은 소득을 얻었을 때도 경제적이라고 해.

어떤 명사 뒤에 화(化)가 붙으면 의미가 어떻게 달라질까? 이를테면 '명사＋化'는 그 명사의 의미가 아니던 것이 그 명사의 의미가 되었다는 뜻이야. 그러니까 민주화는 민주주의가 아니었는데 민주주의가 되었음을 말하지. 백성이 주인 되는 일을 민주주의라고 하는데 국민이 권력을 가지고 이를 스스로 행사하는 제도야. 민주주의는 인권, 자유권, 평등권, 다수결의 원리, 법치주의 등을 기본 원리로 하고 있어.

자유가 없었는데 자유가 주어지는 것을 자유화. 활발하지 않았는데 활발해지는 것을 활성화, 어떤 사물이나 현상 등이 대중 사이에 널리 퍼져 친숙해지는 것을 대중화라고 하지. 깊어지는 것은 심화, 강해지는 것은 강화, 차이가 없이 고르게 되는 것은 평준화야. 구개음이 아닌 것이 구개음이 되는 것을 구개음화, 비음이 아니었는데 비음이 되는 것을 비음화라고 해. 같지 않았는데 같게 되는 것은 동화, 같았는데 다르게 된 것은 이화異化라고 하지.

기간산업 基幹産業

- 우리나라는 기간산업을 보호하기 위한 제도가 미흡해 이에 대한 개선이 필요하다.
- 사회주의 정권이 수립되고 국가에서 모든 기간산업을 국유화했다.
- 후보자는 기간산업의 민간화에 강력히 반대했다.

한 나라의 산업 발달은 기간산업의 발전 여부에 달려 있다는 말이 있어. 기간과 산업의 합성어인 기간산업은 한 나라 경제의 토대가 되는 산업이라는 의미로 기초산업이라고도 하지. 금속, 철강, 목재 등 다른 산업의 원자재로 널리 사용되는 물자를 생산하는 산업 혹은 석탄, 석유, 전력 등 경제활동에 없어서는 안 되는 에너지를 공급하는 산업이 대표적이야. 한 나라의 발전을 위해서는 기간산업 육성이 꼭 필요하기에 각 나라들이 안정적 경제 발전을 위해 기간산업을 최우선으로 보호하고 있어. 세상 모든 일에 기초가 중요하듯 경제에도 기초가 중요하기 때문이야. 운동, 음악, 미술 등 어떤 분야건 기초가 중요하고 공부도 마찬가지지. 공부를 잘하고 싶다고? 그렇다면 서두르거나 욕심내지 말고 기초를 완벽하게 쌓아야 해.

기간은 바탕 기基와 뼈대 간幹으로 이뤄진 단어로 바탕이 되고 뼈대가 된다는 뜻이지. 산업은 만들어 낼 산産과 일 업業으로 이뤄진 단어로 인간 생활을 경제적으로 풍요롭게 하기 위해 재화나 서비스를 생산하는 사업을 의미해. 기간이라는 단어에도 여러 가지 뜻이 있는데 그중에서도 일정한 어느 시기부터 일정한 어느 시기까지의 사이라는 뜻인 기간期間, 어떤 분야나 부문에서 가장 으뜸이 되거나 중심이 되는 것을 일컫는 기간基幹을 많이 사용한단다. 불조심 강조 기간, 휴가 기간, 기간제 교사, 유효 기간에서는 기간期間이고, 기간산업, 기간병, 국가 기간 조직, 기간요원에서는 기간基幹이야. 전자에서의 기는 기간이라는 의미고 간은 사이라는 의미야. 후자에서의 기는 바탕, 근본, 기초라는 뜻이고, 간은 줄기, 중요 부분이라는 뜻이지.

IMF를 모르는 사람은 없지? International Monetary Fund의 약어로 국제통화기금이라는 뜻이야. 기금은 바탕 기基와 돈 금金으로 이뤄진 단어로 바탕이 되는 돈이라는 의미지. 어떤 사업이나 계획을 위해서 적립하거나 준비해 두는 자금을 일컫는데 장학기금, 복지기금 등의 단어에서처럼 쓴단다. 기초라는 단어에도 바탕 기가 들어가지. 기초과학, 기초공사, 기초단체장 등의 단어를 예로 들 수 있어. 튼튼한 집을 짓고 싶으면 모래 위가 아닌 반석 위에 지어야 해. 기초를 튼튼하게 하는 것이 중요하다는 말이야. 사상누각은 모래 위에 세운 누각이라는 의미로 기초가 튼튼하지 못하면 오래 견디지 못한다는 이야기를 할 때 쓰는 표현이야.

일본의 고속철도를 신칸센新幹線이라고 하는데 새로울 신新과 줄기 간幹으로 새로운 줄기(뼈대)가 되는 철도 노선이라는 의미야. 단체의 우두머리가 되는 사람을 간부, 어떤 사물의 바탕이나 핵심이 되는 부분을 뿌리와 줄기라는 의미에서 근간이라고 해. '어간과 어미'라고 할 때의 어간이라는 단어에도 줄기 간이 들어가는데 동사, 형용사 등 용언의 활용에서 변하지 않는 부분, 즉 말의 뼈대라는 의미란다. 그러니까 '보다'에서는 '보', '예쁘다'에서는 '예쁘'가 어간이 되지. 꼬리 미尾가 들어간 어미라는 단어는 말의 꼬리라는 의미지.

용적률容積率

- 용적률 최대 700%로 역세권 고밀 개발에 나섰다.
- 용적률을 높임으로써 도시 과밀화를 부추겨 오히려 주택 가격을 올릴 위험이 있다.
- 시에서는 주택 공급 확대를 위해 건폐율이나 용적률 등에서의 규제를 완화할 예정이다.

퀴즈! 모든 조건이 동일할 때 용적률이 커질수록 건물 높이는 낮아질까, 높아질까? 답은 '높아진다'야. 용적률은 용적의 비율이라는 의미지. 용적은 담을 용容과 쌓을 적積으로 이뤄진 단어로 쌓는다는 의미야. 물건을 담을 수 있는 부피 혹은 그릇 안을 채우는 분량을 뜻하는 말이기도 해.

용적률은 땅 면적에 대한 건물 전체 면적의 비율로 땅을 얼마만큼 이용하느냐를 보여 주는 기준이 되지. 땅 면적이 100m²인데 1~4층이 각각 50m²(제곱미터)여서 건물 전체 면적이 200m²라면 용적률은 200%, 땅 면적이 100m²인데 1~8층이 각각 50m²여서 건물 전체 면적이 400m²라면 용적률은 400%가 되는 거야. 용적률이 100% 이하인 경우도 있을까? 당연히 있지. 땅이 100m²인데 건물 전체 면적이 50m²라면 용적률은 50%가 돼. 지하 면적도 포함되냐고? 아니. 용적률엔 지하 면적은 포함되지 않아.

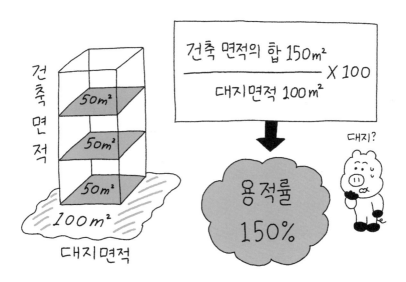

그런데 용적률이 왜 중요할까? 고층 건물이 인간 삶에 어떤 영향을 미치는지를 생각하면 쉽게 답이 나오지. 각층이 같은 넓이라 가정하고 이야기해 볼게. 한 층에 10명이 생활할 때 2층 건물일 경우 20명, 5층 건물일 경우 50명, 20층 건물일 경우 200명이 생활하게 될 거야. 그 건물에서 생활하는 사람 중 절반이 자동차를 가지고 출퇴근을 한다면 1층 건물일 경우 자동차 5대, 20층 건물일 경우 자동차 100대가 그 앞을 지나다니게 되지. 그러면 건물 주위 도로에 차가 많아져서 교통이 혼잡해지고 매연도 심해질 거야. 분명 다른 건물의 일조권도 방해하겠지. 그러므로 용적률을 제한할 필요가 있어.

건폐율도 알아 두어야 할 단어야. 대지 면적에 대해 건물 바닥 면적의 비율을 나타내는 이 단어는 건축밀도를 나타내는 지표 가운데 하나가 되지. 그렇다면 용적률과의 차이점은 무엇일까? 용적률은 건물 각층의 면적을 몽땅 더해서 나타낸 비율이야. 반면 건폐율은 1층 넓이만 계산한 비율로 100%를 넘길 수 없어. 대지 중에서 마당이 반절이고 건물이 차지하는 면적이 반절이면 건폐율은 50%가 되지. 대지 100m²에 건폐율 70%라면 건물의 바닥 면적이 70m²겠지. 한자로 건폐는 건물 건建과 덮을 폐蔽로 이뤄진 단어로 건물이 덮은 비율이라는 의미야. 그런데 건폐율을 제한해야 하는 이유는? 건축물의 밀집화를 방지하고, 화재를 진압하며,

녹지를 확보해서 건강한 삶을 영위하기 위해서야.

대지, 건평, 연건평에 대해서도 알아볼까? 대지는 집터 대垈와 땅 지地로 이뤄진 단어로 집터(건물 터)로서의 땅을 의미하지. 건평은 건물이 차지한 밑바닥의 평수(면적)를 뜻하는 말이야. 종합할 연延이 들어간 연건평延建坪이라는 단어는 각층 바닥의 평수를 종합한 면적을 의미하지.

"내 코가 석 자", "세 치 혀가 사람 잡는다", "말 한마디에 천 냥 빚도 갚는다", "되로 주고 말로 받는다", "열 길 물속은 알아도 한 길 사람의 속은 모른다" 등은 모두 자주 들었던 속담인데도 정확한 의미를 모른다고? 지금은 쓰지 않는 도량형을 나타내는 단어가 들어 있으니 그럴 만도 해.

"내 코가 석 자"에서 코는 콧물을, 석 자는 90cm 정도를 의미해. 즉 콧물이 90cm 이상 끊임없이 흘러내리니 남의 사정을 돌볼 여유가 없다는 뜻이지.

"세 치 혀가 사람 잡는다"에서 치는 3cm이니까 세 치는 9cm 정도를 의미해. 본래 사람의 혀 길이가 그 정도거든. 혀를 잘못 놀리면, 즉 말을 잘못하면 사람을 죽게 만들 수도 있다는 뜻이지.

"말 한마디에 천 냥 빚도 갚는다"에서 냥은 돈의 단위야, 천 냥은 큰돈이라는 의미야. 말만 잘하면 어려운 일이나 불가능해 보이는 일도 해결할 수 있다는 뜻이지.

"되로 주고 말로 받는다"에서 되는 열 컵, 말은 백 컵 정도의 부피를 의미해. 고통을 열 컵 정도 주고 백 컵 정도 받는다는 뜻으로 남에게 조금 피해를 끼쳤을 뿐인데 크게 앙갚음을 당했다는 속담이지.

"열 길 물속은 알아도 한 길 사람의 속은 모른다"에서 길은 사람 키 정도 되는 길이를 의미해. 깊은 물속의 상황은 알아낼 수 있을지 몰라도 얕은 사람의 속마음은 알아낼 수 없다는 뜻으로 그만큼 인간의 마음을 알기 어렵다는 걸 강조하는 속담이야.

정부는 2007년부터 도량형을 통일하기로 했어. 길이 도度, 분량 량量, 저울질할 형衡으로 이뤄진 이 단어는 길이, 부피, 무게 등을 재는 방법을 의미하지. 도량형을 통일해야 하는 이유는 의사소통을 분명하고 원활하게 하기 위해서야. 정육점에서 고기를 살 때 주인은 근 단위로, 손님은 그램(g) 단위로 말하면 대화가 힘들어지고 계산을 잘못할 수도 있으니까. 할아버지가 20리를 걸었다고 하는데 미터(m)나 킬로미터(km)라는 단위밖에 모르는 손자가 그 거리가 어느 정도인지 도무지 가늠할 수 없다면 소통의 어려움과 대화 단절을 초래할 거야.

지금도 컴퓨터 모니터 크기는 인치로 말하고, 할머니들은 방의 크기를 자 단위로 말씀하시며, 금은방에서는 무게를 돈 단위로 이야기하지. 이런 불편을 없애기 위해 정부에서는 1961년 전통 계량 단위를 쓰지 못하게 했지만 지켜지지 않았고, 2001년에도 새로운 계량 단위를 쓰자고 설득했지만 국민들이 따르지 않았어, 이는 언어의 특성 가운데 하나인 '언어의 사회성' 때문이지. 언어는 사회적 약속이기에 정부에서 아무리 강력하게 권유해도 쉽게 바꿀 수 없었던 거야. "놀던 방죽이 좋다"는 말이 의미하듯이 쓰던 말을 바꾸는 게 쉬운 일은 아니거든.

정부에서는 상벌을 써 보기로 했지만 그렇다고 상과 벌을 남발할 수도 없었어. 그래서 2007년에는 경제활동에 폐해가 크다고 판단해 크기를 나타내는 '평', 무게를 나타내는 '돈'을 쓰는 경우에는 과태료를 물리기로 결정했지. 그리하여 아파트 크기를 평에서 제곱미터로 바꾸어 말하고, 금은방에서는 '돈' 대신 그램을 쓰게 되었어. 그래도 워낙 오랜 시간 써왔기에 지금도 적잖은 사람들이 제곱미터 대신 평, 그램 대신 돈이라고 말하는 것이 현실이야.

연착륙軟着陸

- 우주선이 화성에 연착륙해서 탐사를 시작했다.
- 경기 둔화를 막기 위해 연착륙 방안을 마련하고 있다.
- 지금은 부채 위험을 줄이면서 경제와 금융시장의 연착륙을 모색할 때다.

창공을 날던 비행기가 착륙할 때 탑승객과 비행기가 충격을 받지 않도록 속도를 줄이고 부드럽게 땅에 내려앉는 일을 연착륙이라고 한단다. 부드러울 연軟, 붙을 착着, 땅 륙陸으로 이뤄진 이 단어는 부드럽게 땅에 붙는다, 땅에 사뿐히 내려앉는다는 뜻이지. 높이 뛰기 선수가 뛰어올랐다가 착지할 때 최대한 주의를 기울여야 하는 것처럼 비행기가 착륙할 때 조종사는 신경을 쓰고 조심해야 해. 연착륙을 위해서는 활주로에 접근할 때 고도를 낮추고 속도를 줄이는 것이 기본이야. 랜딩기어(바퀴)를 펴는 건 말할 필요도 없고. 그럼 활주로는 무슨 뜻일까? 미끄러울 활滑, 달릴 주走, 길 로路로 이뤄진 이 단어는 미끄러지면서 달리는 길이라는 의미야.

본디 연착륙은 비행기나 우주선이 기체에 무리가 가지 않도록 착륙하거나 궤도에 진입하는 기법을 뜻하지만 요즘은 경제나 사회 현상을 말하는 용어로도 자주 쓴단다. 경기가 과열될 기미가 있을 때 급격한 경기 침체나 실업 증가 없이 경제성장률을 적정한 수준으로 낮추어 불황을 방지하는 것을 말하지. 1980년대 말에 불황 문제를 다루면서 이 용어를 사용하기 시작했는데 지금은 경기부양책을 쓰면서 심한 경기 후퇴를 막는다는 의미로 쓰고 있어. 경기부양책에서 경기는 경제활동 상황을 뜻해. 부양책은 띄울 부浮, 올릴 양揚, 방법 책策으로 띄워 올리는 방법이라는 뜻이야. 경기부양책은 가라앉은 경제활동 상황을 띄워 올리는 방법이라고 이해하면 돼.

착륙은 땅에 붙는 것을 뜻하고, 떠나갈 리離가 들어간 이륙이라는 단어는 땅에서 떠나는 것을 의미하지. 착지는 땅에 발을 붙이는 것을,

착석은 자리에 엉덩이를 붙이는 것을 뜻하는 말이야. 착공은 무슨 뜻일까? 앞에 나온 단어에서 유추하면 공사를 붙이는 일이 아니냐고? 맞아. 공사에 손을 붙이는 일이니까 공사를 시작한다는 의미야. 그밖에도 어떤 일에 손을 대어 시작한다는 착수, 생각을 붙이기 시작한다는 착상, 색을 붙인다는 착색, 통신이 도착했다는 착신 등에도 붙을 착著을 쓰지. 착복은 옷을 몸에 붙인다는 뜻인데 옷을 입는다는 뜻도 되지만 다른 사람 혹은 공공의 재물을 자기 것으로 차지한다는 의미일 때가 많아.

배구 중계방송에서 아나운서나 해설자가 연타 성공이라고 말하는 걸 들은 적 있지? 연타를 연속해서 때렸다는 의미로 이해하는 사람이 많은데 여기서의 연은 이을 연連이 아닌 부드러울 연軟으로 부드럽게, 가볍게 쳤다는 의미야. 즉 강타의 반대 개념으로 빈 공간에 부드럽게 때린다는 뜻이지. 연체동물, 연골, 연고, 유연, 연분홍, 유연성, 연시, 연식, 연화제 등에서의 연도 모두 부드러울 연이야.

부드러울 연과 반대되는 글자로는 강할 강強도 있지만 단단할 경硬도 있어. 동맥경화, 간경화, 경직, 강경, 경음화, 경화제, 경성 등의 단어를 예로 들 수 있어.

연착륙이 필요한 건 비행기나 경제만도 아니야. 연착륙은 대체로 모든 일에 좋은 결과를 가져오거든. 바람이 햇볕을 이기듯 부드러움이 강함을 이기는 것이 동서고금의 진리니까.

파업罷業

- 파업으로 공장의 기계가 모두 잠자고 있다.
- 노조 측과 회사 측의 극적 타협으로 가까스로 파업을 피할 수 있었다.
- 파업으로 공장을 폐쇄한다는 안내문이 내걸렸다.

사람마다 외모가 모두 다르듯 생각하는 것 역시 다르단다. 이해관계가 걸린 경우라면 더더욱 저마다의 의견이 다를 수밖에 없어. 사용자와 근로자의 생각에도 차이가 있는 게 당연해. 이럴 때 근로자가 자신의 주장을 관철하려고 노력하는 것을 노동쟁의라고 하지. 다툴 쟁爭과 의논할 의議로 이뤄진 쟁의라는 단어는 근로자들과 사용자가 서로의 의견을 내세우면서 다툰다는 의미야. 일을 하지 않고 다투기만 하는 것도 노동쟁의 방법 가운데 하나지. 이렇게 일을 하지 않아서 사용자에게 손해를 끼치는 행위를 파업이라고 한단다.

그만둘 파罷와 일 업業으로 이뤄진 파업이라는 단어는 하던 일을 그만둔다는 의미야. 사용자에게 손해와 고통을 주는 것이 파업의 목적인데 혼자서 일을 관두어서는 별 영향을 주지 못할 테고 모두가 함께 일을 그만두어야 효과가 있겠지. 이렇게 모든 근로자가 함께 일을 그만두는 것을 동맹파업이라고 하는데 파업은 동맹파업의 줄임말이야.

미친 어휘력 1

파업을 행할 수 있는 근로자의 권리를 파업권이라고 해. 사용자와 근로자 사이에 임금이나 그 밖의 노동조건에 관한 의견 일치를 보지 못했을 때 요구를 관철하기 위해 파업권을 이용하지. '모두 총總'이 들어간 총파업이라는 단어는 통일된 지도 아래 전국적으로나 지역적으로, 혹은 어떤 산업 전반에 걸쳐 행하는 대규모 파업을 뜻해.

단결권, 단체교섭권, 단체행동권을 노동삼권이라고 하는데 이는 근로자의 권익과 근로조건의 향상을 위해 헌법상 보장되는 기본권이야. 그중 단결권은 근로자가 근로조건의 유지, 개선, 그 밖의 경제적·사회적 지위 향상을 목적으로 단결할 수 있는 권리이고, 단체교섭권은 노동조합 대표자가 노동조건의 유지, 개선, 노동협약의 체결에 관하여 직접 교섭할 수 있는 권리야. 단체행동권은 근로자가 노동조건의 유지와 개선을 위해 사용자에 대항해 단체행동을 할 수 있는 권리를 말하지. 노동삼권의 목적은 근로자가 개인이 아닌 집단의 힘으로 사용자와 대등하게 교섭하여 단체협약을 체결함으로써 생존권을 보장받는 데 있어.

노동쟁의 수단으로는 태업도 있어. 게으를 태怠와 일 업業으로 이뤄진 이 단어는 게으르게 일한다는 의미로, 근로자가 일터에서 일부러 작업 능률을 저하시키는 방식으로 일함으로써 사용자에게 손해를 주는 행위를 말하지. 파업과는 어떤 차이가 있을까? 파업은 일을 하지 않는 것, 태업은 일을 게을리하는 것이라는 점이 다르단다.

앞서 "이해관계가 걸린 경우"라고 했는데 '이해관계'와 '이해했다'에서의 이해가 다른 의미라는 걸 알아 둬. 이해관계에서의 이해利害는 이익과 손해라는 뜻이야. '이해했다'에서의 이해理解는 사리를 분별하여 해석하는 일, 깨달아 아는 일, 잘 알아서 받아들이는 일, 남의 사정을 잘 헤아려 너그러이 받아들이는 일이라는 뜻이지.

알면 쉬워, 정치 어휘

3

선거選擧

- 민주주의는 공명정대한 선거에서 출발한다.
- 선거 결과가 결정된 것이나 마찬가지인데도 후보자들은 저마다 당선을 장담했다.
- 선거를 앞두고 지지율이 계속 추락하고 있다.

"민주주의의 꽃은 무엇일까?" 정답이 있을 수 있느냐고? 그래. 정답은 없어. 선거관리위원회 청사 현관에 쓰인 문구를 보고 질문해 본 거야. 선거관리위원회에서 말하는 정답은 '선거'였어. 선거는 대표자를 뽑아서 그들에게 대표성을 부여하는 행위를 말하지.

민주주의국가의 주인은 국민이야. 대한민국헌법에도 "대한민국의 주권은 국민에게 있고 모든 권력은 국민으로부터 나온다"고 명시되어 있지. 국민들에게는 나라의 정책을 결정하고 참여해야 할 권리와 의무가 있지만 현실적으로 쉽지 않은 일이기에 나랏일을 담당할 대리자를 뽑는 거야. 이를 가리켜 뽑을 선選과 들 거擧를 써서 선거라고 한 단다. 일 잘할 사람을 가려 뽑아 일꾼으로 들어올린다는 의미지. 그럼 에도 "선거는 최선의 사람이 아니라 차악의 사람을 뽑는 것"이란 농담 아닌 농담에 저절로 고개가 끄덕여지기도 해. 선량을 뽑는 선거라는 말이 무색하다고? 그렇지는 않아. 선량의 선은 착할 선善이 아니라 가 려 뽑을 선選이니까.

학급 반장 선거나 동네 이장 선거 또는 각종 모임에서의 선거가 아 닌 정치적 선거, 즉 대통령, 국회의원, 자치단체장 등을 뽑을 때는 정 당의 추천을 받은 후보자들이 선거에 나서지. 이때 후보는 여당 후보 와 야당 후보로 갈리지? 여당은 함께할 여與가, 야당은 들 야野가 들어

간 단어야. 따라서 현재 정권을 잡고 있는 정부와 같은 정책으로 함께 하는 당을 여당, 들에서 고생하면서 정치하는 당을 야당이라고 하지.

대통령을 뽑는 대통령 선거의 줄임말이 대선이니까 국회의원 선거의 줄임말은 국선일까? 아니야. 국회의원 총선거라는 말을 줄여 총선이라고 해. 우리나라 국회의원이 총 300명인데 그 300명 모두를 뽑기 때문에 모두 총總을 써서 총선이라고 하는거야. 대통령을 비롯해 국회의원, 교육감, 자치단체장, 지방의원은 모두 공무원인데 선거에 의해 공무원이 되었다고 해서 선출직 공무원이라 하지.

중고등학교 시절 선거의 4원칙에 대해 배웠지? 일정한 연령(만 18세)에 달하면 어떤 조건에 따른 제한이 없이 선거권을 주는 보통선거, 투표의 가치에 차등을 두지 않는 평등선거, 선거권자가 대리인을 거치지 않고 자신이 직접 투표 장소에 나가 투표하는 직접선거, 누구에게 투표했는지 알 수 없게 하는 비밀선거를 선거의 4원칙이라고 해. 여기에 자유선거를 덧붙여야 한다는 주장도 있어. 자유의지를 통한 선거는 너무 당연한 말 아니냐고? 투표권 행사를 국민의 의무라 생각하는 사람도 있기 때문에 그렇지는 않아. 정당한 이유 없이 선거에 참여하지 않을 때 법적 제재를 가하는 제도를 의무투표제라고 하는데 실제로 오스트레일리아나 벨기에 등 몇몇 나라에서는 의무투표제를 실시하고 있어. 의무투표제 또한 긍정적 측면과 부정적 측면이 있기 때문에 논의가 필요하단다.

재가裁可

- 대통령은 오늘 오전 교육부장관 임명안을 재가했다.
- 그런 계획은 사장의 재가를 받기 어려울 것이다.
- 내가 재가하지 않는 한 어떤 일도 해서는 안 된다.

"임명안을 재가했다"는 말을 뉴스에서 자주 들었을 거야. "재가 치매 환자를 전수조사할 것"이라는 말도 들어 보았지? "자식이 둘이나 되니 재가하기도 힘들다"라고 말할 때도 있지. 모두 재가라는 말을 썼지만 각각의 문장에서의 의미가 달라져. 물론 한자도 제각각 다르지. "임명안 재가"에서는 안건을 허락하여 승인한다는 의미, "재가在家 치매 환자"에서는 집에 머물러 있다는 의미, "재가再嫁하기도 힘들다"에서는 다시 시집을 간다는 의미이니까.

결재할 재裁와 허가할 가可로 이뤄진 재가라는 단어는 결재하여 허가한다는 뜻이야. 결재와도 비슷한 말이지. 마름질하다, 결단하다는 뜻으로 쓰는 재는, 법관이 행하는 법률 행위로서의 판결인 재판, 다툼질 사이에 끼어들어 화해시키는 것을 뜻하는 중재, 모든 권력을 쥐고 마음대로 처리하고 지배한다는 뜻의 독재, 자신의 생각과 판단에 따라 일을 처리한다는 뜻의 재량 등의 단어에서도 쓰지.

영화나 드라마에서 사장님이나 회장님 책상에 있는 뚜껑 없는 작은 상자를 본 적이 있을 거야. 기결, 미결, 보류라 쓰여 있는 이 상자가 바로 결재함이야. 기결의 기는 이미 기旣로 이미 결재가 끝난 서류, 미결의 미는 아닐 미未로 아직 결재하지 않은 서류라는 뜻이야. 보류는 지킬 보保와 머뭇거릴 유留로 이뤄진 단어로 결정을 머뭇거리는 서류라는 뜻이지.

임명권과 임면권은 의미가 다른 단어라는 것 알지? 임任은 맡기다, 권權은 권리라는 의미로 두 단어에서의 뜻이 같지만 가운데 글자 명과 면의 뜻이 확연히 달라. 명命은 명령하다, 면免은 그만두다는 의미거든. 그러니까 임명권은 일을 맡아 달라고 명령하는 권한, 임면권은 일을 맡기는 동시에 그만두게 하는 권한이야. 임면권은 임명할 수 있는 권리와 해임할 수 있는 권리를 뜻하는 게 분명하니까 그 의미를 두고 다툼의 여지가 없어. 문제는 임명권인데 이 단어의 의미에는 해임할 수 있는 권한은 포함되지 않는다고 해석하는 사람이 대다수지만 어떤 사람들은 해임할 수 있는 권한까지 포함된다고 보기도 해. 판단은 각자의 몫이지만 임명권이 해임할 수 있는 권한까지 뜻한다는 건 다소 억지스럽지 않을까? 해임할 수 있는 권한까지 주려면 애초에 임면권을 주었을 테니까.

해解가 풀다, 벗다란 의미니까 해임은 맡고 있는 일에서 풀려나고 벗어나게 한다는 뜻이야. 차지하고 있는 지위에서 내려오게 하거나 맡고 있는 임무를 그만두게 한다는 의미지. 파면과는 어떻게 다를까? '파'라는 글자의 어감이 어쩐지 무섭게 느껴진다고? 제대로 보았어. 이 단어에서의 파는 마칠 파罷거든. 해임이나 파면 모두 강제로 그만두게 한다는 점은 같지만 파면이 더 무서운 징계라고 이해하면 되겠지. 해임되면 3년 동안 다시 공직에 임용될 수 없지만 파면당하면 5년 동안 임용될 수 없어. 게다가 해임되었을 땐 연금 수령에서 불이익이 없지만 파면당하면 연금의 전부 또는 일부를 받지 못할 수도 있어.

공무원 신분은 유지하도록 하지만 직위에서 물러나게 해서 업무를 못하게 하는 걸 직위해제라고 해. 정직은 일정 기간 학교에 못 나오게 하는 정학을 생각하면 이해가 쉬울 거야. 정직 역시 일정 기간 업무를 못하게 하는 징계를 말하지. 감봉은 덜 감減과 봉급 봉俸으로 이뤄진 단어로 봉급을 줄인다는 의미야. 가장 약한 징계는 견책인데 꾸짖을 견譴과 꾸짖을 책責으로 이뤄진 단어로 허물이나 잘못을 꾸짖고 나무란다는 의미지. 즉 잘못을 꾸짖고, 앞으로는 그런 일이 없어야 한다는 뜻에서 주의를 주는 징계를 일컫는 말이야.

징병제徵兵制와 모병제募兵制

- 한국은 개병주의 원칙에 따라 징병제를 실시하고 있다.
- 국방부는 현재 시행되는 징병제 대신 지원병 제도를 대폭 확대할 것임을 밝혔다.
- 6·25전쟁 당시 많은 청년들이 모병을 알리는 글을 보고 출전했다.

인류 역사는 전쟁 역사라고도 할 수 있어. 남을 지배하려는 욕망과 더 많이 가지고 싶은 욕망, 이 욕망을 막아 내려는 의지가 충돌하면서 전쟁이 일어났고 전쟁에는 군인이 필요했지.

군인을 모집하는 방법에는 징병제와 모병제가 있어. 징병제는 부를 징徵과 군사 병兵으로 이뤄진 단어로 불러서 군사를 만든다는 뜻이야. 일정 연령에 도달한 국민에게 병역의무를 지워 강제로 군복무를 하게 하는 제도지. 같은 말로는 국민개병제가 있는데 '모두 개皆'가 들어간 이 단어는 국민 모두가 병사가 되게 한다는 의미야. 모집할 모募가 들어간 모병제라는 단어는 군인이 되고 싶은 사람들만 모집하여 군대를 유지하는 제도를 일컫는 말이지. 현재 대부분의 나라가 모병제지만 분단국가인 우리나라는 징병제를 시행하고 있어. 우리나라에서도 모병제 전환 이야기가 나오는데 언제 실현될지는 알 수 없어.

군 입대자에게는 영장이 전달되는데 이 단어는 징집영장의 줄임말이야. 징집은 부를 징徵과 모을 집集으로 이뤄진 단어로 장정을 불러서 모은다는 의미지. 영장은 명령할 령令과 문서 장狀으로 이뤄진 단어로 명령하는 문서라는 뜻이야. 그러므로 징집영장은 군대에 갈 적령자를 불러서 모이게 하는 명령서를 말하지.

대체로 한자 공부가 쉽지 않다고 선입견을 갖는데 글자가 만들어진 원리를 분석하고 이해하면 생각만큼 어렵지 않아. 모병제에 들어간 모집할 모로 설명해 볼게. 기본 글자인 없을 막莫에 힘 력力을 더한 모募는 모을 모, 마음 심心을 더한 모는 그리워할 모慕, 태양 일日을 더한 모는 저물 모暮, 손 수扌를 더한 모는 찾을 모摸, 나무 목木을 더한 모는 본뜰 모模, 말씀 언言을 더한 모는 꾀할 모謨야. 수건 건巾을 더한 막은 장막 막幕, 육달 월月을 더한 막은 꺼풀 막膜이지. 한글처럼 한자도 과학적인 글자이므로 억지로 외울 필요가 없어. 우선 글자를 분석하고 이해한 다음 암기를 하면 쉽게 익힐 수 있지.

군복무를 마치면 전역을 하게 되지. 전역은 구를 전轉과 역할 역役으로 이뤄진 단어로 역할이 굴러 바뀌었다는 의미야. 즉 현역에서 예비역으로 바뀌었다는 말이지. 같은 의미의 말로는 제대가 있어. 제외할 제除와 군대 대隊로 이뤄진 제대라는 단어는 군대에서 제외되었다는 뜻이야. 현역, 예비역에서의 역은 일을 시키다란 의미로 많이 쓰는데 여기서는 병사라는 의미로 썼어. 현역은 현재 복무 중인 병사라는 뜻이야. 예비역은 미리 예豫와 준비할 비備로 이뤄진 단어로 전쟁 발발에 대비해 미리 준비해 놓은 병사라는 말이지.

만기 전역이나 만기 제대라는 단어에서의 만기는 꽉 찰 만滿과 기간 기期로 이뤄진 단어로 기간이 꽉 채워졌다는 의미야. "군필자 우대, 미필자는 응시할 수 없음"이라는 모집 공고를 본 적 있을 거야. 여기서의 필은 마칠 필畢이야. 군인의 역할을 마친 사람을 군필자, 마치지 못한 사람을 미필자라고 하지.

군대의 계급에는 훈련병, 이병, 일병, 상병, 병장 등이 있어. 갓 입대하면 훈련병이 돼. 이병과 일병은 앞서 설명한 것 기억하지? 상병은 위에 있는 병사, 병장은 병사들 중에서 대장이라는 의미야.

별이 하나인 계급은? 소위 계급이 다이아몬드 하나, 소령 계급이 무궁화 잎 하나니까 소장도 별 하나인 줄 아는 사람들이 있어. 하지만 별 둘이 소장, 별 셋이 중장, 별 넷이 대장이야. 그럼 별 하나는 무엇이라 부를까? 답은 준장인데 여기서의 준은 준할 준准이야. 준이 명사 앞에 올 때는 그 명사에 비길 만한 자격을 가졌다는 의미로 많이 쓰이지.

대사大使와 영사領事

- 대통령 취임식에는 외교사절과 각국 대사가 참석하는 것이 관례다.
- 친구가 영국 런던에서 대사로 근무할 때 찾아가서 만난 적이 있다.
- 아프리카 대부분의 지역에 우리 영사관이 있다.

대학생이 된 제자들이 찾아오면 나는 해외 배낭여행을 권하는데 돈 때문에 쉽지 않다고 대답하는 제자들이 많아. 여행은 즐거움을 주기도 하지만 성장을 가져다주는 영양제 같은 것이니 하면 할수록 좋은데 돈이 걸림돌이 된다는 말을 들으면 안타까워. "젊을 적 고생은 사서도 한다"던 옛 어른들의 말에 "젊을 적 여행은 빚을 내서라도 한다"는 말을 덧붙이고 싶어. 여행도 분명 공부의 하나인데 여행 기회를 얻지 못하는 것을 보면 안타까울 수밖에. 취직을 하고 나면 시간과 체력이 부족해서 여행 즐기기가 쉽지 않으니 학창 시절이 유일한 기회일 텐데 경제적 여건이 안 되면 어떡해야 할까?

중고등학교 때 사교육비를 아껴 조금씩 여행비를 저축하면 어떨까? 이런 식으로 대학교 1, 2학년 방학 때 꼭 배낭여행을 다녀오라고 강력히 권유하고 싶어. 위험하지 않냐고? 걱정하지 않아도 돼. 각 나라에는 우리나라 대사관과 영사관이 있으니까. 관은 관청이라는 의미야. 대사와 영사는 어떤 일을 할까? 대사는 특명전권대사의 줄임

미친 어휘력 ①

말이야. 글자 그대로는 특별히 임명한 모든 권한을 가진 큰 사신이라는 의미지. 한 나라를 대표해 다른 나라에 파견되어 그 나라에 주재하면서 외교교섭을 하고, 자국민 보호와 감독 임무를 수행하는 1급 외교사절로 국가원수를 대신하는 사람이라고도 할 수 있지. 공사라는 직책도 있는데 특명전권공사의 줄임말로 대사 아래 계급인 2급 외교사절을 말하지.

앞서 말한 영사는 외국에 있으면서 본국의 무역 통상 이익을 도모하는 동시에 자국민을 보호하고 상업활동을 도와주는 공무원이야. 대사와 공사의 사는 사신 사使인데 영사의 사는 일 사事라는 차이점이 있어. 대사와 공사의 중심 역할은 사신이지만 영사의 주된 역할은 무역 이익과 자국민 보호이므로 다스릴 령領과 일 사를 쓰지. 본국에서 임명 파견되어 전적으로 영사 직무에만 종사하는 사람은 본무영사, 접수국에 거주하는 유력 인사 중에서 영사의 사무를 위탁받은 사람은 명예영사라고 한다. 대사는 정치적 대표로서의 임무를 수행하는 외교사절이지만 영사는 외교사절은 아니야.

대부분의 나라에는 대사관과 영사관이 있고 작은 나라에도 영사관은 있으니 걱정 없이 배낭여행을 떠나도 된단다. 외국에서 어려운 상황이 발생하면 대사관이나 영사관에서 도움을 받을 수 있어. 그러니 해외에 나가는 것을 두려워할 필요가 없지.

장래 희망이 외교관인 사람도 있겠지? 대사, 공사, 영사 모두 외교

관이야. 외교는 외국과 교류한다는 의미로 자기 나라의 대외 정책을
실현하고 나라 사이에 생기는 일을 처리하기 위해 다른 나라와 관계
를 맺는 일을 뜻하지. 외교관은 다른 나라와 정치적·경제적·문화적
관계를 맺는 일을 하는 공무원을 의미하고.

피선거권 被選舉權

- 벌금 100만원 이상 확정판결을 받을 경우 향후 5년간 피선거권이 박탈된다.
- 피선거권을 20세로 낮추자는 공직선거법 개정안을 발의했다.
- 징계 처분을 받았다는 이유로 학생회장 피선거권을 제한해서는 안 된다.

선거철이 되면 피被가 들어간 단어를 자주 접하는데 피선거권도 그중
하나야. '피'와 '선거', '권'이 결합된 이 합성어를 한 글자 한 글자 연결
해서 해석하면 정확한 의미를 알아낼 수 있어. 당하다는 의미의 피가
들어간 대표적 단어로는 피동이 있어. 동작을 당하는 걸 의미하지. 선
거는 가릴 선選과 들어올릴 거擧로 이뤄진 단어로 능력 있고 올바른 사
람을 가려내어 들어올린다는 뜻, 권權은 권리라는 뜻이야. 따라서 선
거권은 선거를 하고 투표를 할 권리를 의미해. 선거를 당할 권리, 선거
에 출마할 수 있는 권리는 피선거권이라 하고. 선거권이나 피선거권

미친 어휘력 ①

을 가질 수 있는 나이는 몇 살일까? 피선거권을 가지려면 선거권을 가지는 사람들보다 나이가 많아야겠지? 열여덟 살 청년이 대통령 선거에 투표하는 것은 자연스럽지만 열여덟 살 청년이 대통령 후보라면 아무래도 낯설 테니까.

대한민국헌법은 대통령 피선거권은 만 40세, 국회의원 피선거권은 만 25세에 가질 수 있다고 정해 놓았어. 하지만 선거권의 경우는 대통령 선거권과 국회의원 선거권 모두 선거일 현재 만 18세 이상이면 가질 수 있어. 2019년 공직선거법 개정안 통과로 선거권을 가질 수 있는 나이가 기존 만 19세에서 만 18세로 하향 조정되었지. 여기서 나이 앞에 붙은 '만'은 가득 찰 만滿이야. 만 18세는 18년을 가득 채워 살았다는 의미지. 그러니까 2022년 3월 9일이 선거일이면 2004년 3월 10일 이전에 출생한 국민만이 선거권을 가질 수 있어.

앞서 나온 당할 피가 들어간 단어로서 남의 힘이나 의지에 의해 움직이는 것을 피동적, 지배를 당하는 계층을 피지배층, 조물주에 의해 만들어진 것을 피조물이라고 해. 사진이나 영화를 찍을 때 그 대상이 되는 물체를 피사체, 납치당하는 것을 피랍, 수식어에 의해 의미상 한정받는 말을 피수식어라고 하지.

또한 교육을 받는 사람은 피교육자, 상속받는 사람은 피상속인, 보험 혜택을 받는 사람은 피보험자라고 해. 보험은 보호할 보保와 위험 험險으로 이뤄진 단어로 위험에서 보호하는 장치라는 의미야. 재해나 각종 사고 등으로 입게 될지도 모를 경제적 손해에 대비하는 것으로, 특정 사고의 위협을 피하고자 하는 사람들이 함께 일정한 돈을 미리 적립했다가 사고를 당한 사람이 있으면 일정 금액을 주고 손해를 보상해 주는 제도지. 보험을 공제라고도 하는데 함께 공共과 구제할 제濟로 이뤄진 이 단어는 함께 힘을 합해 어려운 사람을 구제한다는 의미야.

피제수란 뭘까? 8÷4＝2라는 식에서는 8을 피제수라 하는데 나눔을 당하는 수라는 의미야. 4는 나누는 수라는 의미로 제수라고 하지. 야구에서의 피홈런은 투수가 타자에게 홈런을 허용하는 것을 말하는데 홈런을 당했다는 의미야. 또한 의심당하는 사람이라서 피의자, 손해를 입은 사람이라서 피해자, 고발이나 고소를 당한 사람이라서 피고인이라고 한단다.

직권남용 職權濫用

- 시장은 직권을 남용하여 업계에 압력을 행사한 혐의로 검찰 수사를 받고 있다.
- 1심에서 무죄로 판단됐던 직권남용 권리행사방해죄가 이번에는 유죄로 판단되었다.
- 시장은 음주 운전과 직권남용을 저지른 공무원을 직권면직했다.

"약 좋다고 남용 말고 약 모르고 오용 말자"는 표어가 있어. 여기서 남용과 오용은 의미에 어떤 차이가 있을까? 남용은 넘칠 람濫과 사용할 용用, 오용은 잘못될 오誤와 사용할 용用으로 이뤄진 단어야. 즉 넘치게, 지나치게 많이 사용하는 것을 남용, 잘못 사용하는 것을 오용이라고 하지. 아무리 좋은 약일지라도 많이 먹어서는 안 되고 어떤 약인지 모르면서 함부로 먹어서도 안 된다는 말이야.

남용은 정해진 규정이나 기준을 넘어 사물을 함부로 사용한다는 의미지. 본래의 목적이나 범위에서 벗어나 함부로 권리나 권한을 행사한다는 뜻이야. 감정, 인식, 행동 등에 인위적 변화를 일으키기 위해 향정신성의약품을 비의학적 방법으로 사용하는 일을 약물남용이라고 해. 알코올을 과다하게 또는 습관적으로 마시는 행위는 알코올남용이라고 하지.

재량권의 내적 한계를 벗어난 행위는 재량권 남용, 자녀의 복리 실현에 현저히 반하는 방식으로 친권을 행사하는 일은 친권남용이라고 해. 재량권은 마름질할 재裁와 헤아릴 량量으로 이뤄진 단어로 자신의 뜻대로 마름질하고 헤아린다는 의미야. 즉 어떤 일을 자기의 생각대로 헤아려 처리할 수 있는 자격이나 권리를 말하지. 친권은 어버이의 권리라는 뜻으로 부모가 미성년 자녀에 대하여 가지는 신분상·재산상의 권리와 의무를 통틀어 일컫는 말이야.

구제남용이라는 말도 있어. 구제를 넘치게 사용한다는 의미로, 보호할 필요가 없는 사람을 보호하는 현상을 뜻하지. 관련 기관이 충분한 조사 없이 서비스를 제공할 때, 자선사업이 무질서하게 난립할 때 이런 일이 발생하곤 해.

직권은? 직분 직職과 권리 권權으로 이뤄진 단어로 직분을 맡은 사람이 가진 권리라는 뜻이야. 국가기관 또는 법인 등에서 직무를 맡은 사람이 그 지위나 자격으로 할 수 있는 일을 가리키는 말이지. 분쟁 당사자의 요청이 없음에도 행하는 중재를 직권중재, 행정관청이 법률이나 상위 명령에 따르지 않고 그 권한 안에서 내리는 명령을 직권명령이라고 한단다. 그렇다면 직권상정은 어떤 의미일까? 의안을 회의에 내놓는 일을 상정이라고 하니까 입법부 수장인 국회의장이 상임위 심의를 생략한 채 직권으로 본회의에 안건을 올리는 일을 뜻하지.

직권면직이라는 말이 있어. 벗을 면免과 직분 직職으로 이뤄진 면직은 일자리나 직위에서 물러나는 일을 뜻하는 단어야. 그러므로 직권면직은 직분을 맡은 사람, 즉 임명권자가 공무원이나 회사원을 그 직위에서 물러나게 하는 것을 말하지. 의원면직은 뭘까? 의지할 의依와 원할 원顯으로 이뤄진 의원이라는 단어가 원함에 의해서라는 뜻이니까 자신이 스스로 원해서 그 직위에서 물러난다는 뜻이야.

마지막으로 직권남용을 설명할게. 이 말은 자신에게 주어진 직무의 권한을 함부로 사용한다는 의미로 공무원이 직무에 관한 권한을 제멋대로 사용함으로써 공무의 공정성을 잃는 행위를 가리키는 말이야.

정규직正規職

- 인건비를 줄이려고 정규직 대신 임시직을 뽑는 기업들이 늘고 있다.
- 비정규직 인력의 증가로 인한 고용시장 불안이 사회적 문제가 되고 있다.
- 취업난으로 정규직을 구하지 못해 일용직으로 일하는 사람이 늘어나는 추세다.

회사에서 정규직보다 비정규직을 선호하면서 고용 불안이 심화된다는 뉴스를 심심찮게 들었을 거야. 정규직은 갖추어질 정正, 규정 규規, 직분 직職으로 이뤄진 단어로 갖추어진 규정에 따라 일하고 보수를 받는 직분이라는 의미야. 정년까지 고용이 보장되며 전일제로 일하는 직위나 직무를 가리키지. 아닐 비非가 들어간 비정규직이라는 단어는 정규직이 아니라는 뜻으로 근로 기간을 보장받지 못하는 직위나 직무를 가리키며, 계약직, 임시직, 일용직이라고도 해. 근로 기간 뿐 아니라 임금이나 상여금도 정규직보다 적고 복지 혜택에서도 차별받는 경우가 많단다.

정규는 정식으로 된 규정이나 규범 혹은 규정에 맞는 정상적 상태를, 비정규는 정식으로 된 규정이나 규범에 따르지 않는 것을 가리키는 말이야. 계약직도 있는데 근로 기간, 방식, 임금 등을 계약을 통해 약정하고 그 기간 내에만 고용이 지속되는 직위나 직무를 뜻하지. 임시로 일한다고 해서 임시직, 하루 단위로 고용되어 일한다고 해서 일용직, 일하는 시간만큼 급여를 지급한다고 해서 시간제라고도 해.

학교 선생님 중에도 비정규직이 있어. 이분들을 기간제 교사라고 하는데 기간을 정해 놓고 근무한다는 의미지. 군대에서는 일반 병사를 기간병이라 하는데 이때의 기간이 어느 일정한 시기부터 다른 어느 일정한 시기까지의 사이를 뜻하느냐고? 아니야. 이때의 기간은 기초 기基와 줄기 간幹으로 이뤄진 단어로 어떤 분야나 부문에서 기초와 줄기가 된다는 말이야. 즉 으뜸되거나 중심이 된다는 의미지. 그래서 군대에서 가장 으뜸되고 중심되는 병사를 기간병이라고 하는 거야.

비정규직을 취약 계층이라고도 하는데 취약은 무를 취脆와 약할 약弱으로 이뤄진 단어로 다른 계층에 비해 무르고 약하므로 사회적 보호가 필요한 계층을 말하지. 취약은 "기반이 취약하다", "수해에 취약한 지역이다", "수학이 취약 과목이다" 등의 문장에서처럼 쓴단다.

비정규직 근로자의 권익 보호를 목적으로 2007년 7월부터 비정규직보호법을 시행 중이야. 1997년 IMF 이후 급속히 늘어난 비정규직 근로자의 근로조건을 개선하고 이들의 권익을 보호하기 위한 법이지. 비정규직보호법의 핵심은 비정규직 근로자를 2년 이상 고용할 경우 정규직으로 전환하는 것과 정규직과 동일 업무를 맡는 비정규직 근로자에 대한 차별을 금지하는 데 있어. 그런데 사용자가 비정규직 근로자를 정규직으로 자동 전환하지 않으려고 2년이 되기 전에 해고해 버림으로써 오히려 고용 불안을 발생시키는 상황이 등장했지. 참으로 슬프고 가슴 아픈 현실이 아닐 수 없어.

합법화 合法化

낙태죄가 폐지되자 종교계에서는 낙태가 끔찍한 폭력이자 일종의 살인 행위며, 낙태 합법화는 자신의 권리와 건강을 위해 다른 사람의 생명권을 짓밟는 이기심의 발로라는 주장이 분분했어. 낙태는 떨어질 낙落과 태아 태胎로 이뤄진 단어로 태아를 떨어뜨리는 것, 즉 태아를 인위적으로 떼 내어 없애는 행위를 뜻해. 임신 중 태아를 끊어 버린다는 의미에서 임신중절수술이라고도 하지. 이는 태아가 모체 밖에서 생명을 유지할 수 없는 시기에 인위적으로 모체 밖에 태아를 배출시키는 수술을 의미하는 말이야.

합법화에서 '화'는 '~이 되다'는 의미야. 그러니까 합법화는 합법이 아니었던 것이 합법이 되었다는 의미지. 합법은 맞을 합合과 법법法으로 이뤄진 단어로 어떤 일이 법령이나 규범에 맞다는 의미야. "임신 후 최대 24주까지 낙태를 허용하는 내용의 형법 개정안이 통과되었다"라는 말은 임신 후 24주가 지나지 않았을 때 낙태하는 일이 예전에는 불법이었는데 이제 불법이 아니라는 뜻이야.

합법과 비슷한 말에 적법이 있는데 따를 적適이 들어간 이 단어는 법에 따른다는 의미야. 정해진 법규에 들어맞아 알맞은 것을 적법하다고 하지. 따라서 법률에서 허용하거나 인정하는 행위를 적법 행위라고 해. 이와 달리 법률이나 명령 등을 지키지 않을 땐 위법, 불법, 탈법, 범법 등의 단어로 표현하지. 위법은 어길 위違, 불법은 아니 불不, 탈법은 벗어날 탈脫, 범법은 범할 범犯이 들어간 단어야. 그런데 편법은 편할 편便이 들어간 단어로 여기서의 법은 합법, 적법 등의 단어에 들어가는 법과 달리 방법 법法을 뜻해. 정상적 절차를 따르지 않고 간편하고 손쉬운 방법으로 하는 일을 편법이라고 한단다.

세상이 변하고 사람들 생각이 바뀌면서 법 또한 새로 만들어지거나 없어지기도 하고, 바뀌는 경우도 있어. 1980년 이전에 도로교통법, 방송통신법 등이 있었을까? 자동차도 방송국도 많지 않던 그 시절에는 이런 법이 없었어. 반공법은 들어 보았니? 이 법은 1961년 만들어졌다가 1980년 사라졌어. 이렇듯 법은 필요에 따라 만들어지고 없어지고 바뀌기도 하지. 물론 이런 일은 어느 한 사람에 의해 가능한 게 아니라 여러 사람이 고민하고 동의하는 과정을 거쳐야 해. 국회는 바로 이런 법을 만드는 기관이므로 입법기관이라고 하지. 국회에서는 법을 만들고, 법원에서는 법에 따라 심판을 한단다. 물론 국회가 법 만드는 일만 하는 건 아냐. 국가예산안을 심의 확정하고, 정부가 나랏일을 잘했는지 살펴보면서 올바른 방향을 제시하는 것도 국회의 역할이야.

앞서 합合을 맞을 합이라고 했는데 그 밖에도 합은 합하다, 일치하다, 만나다, 전체 등의 뜻으로 쓸 때가 많아. 종합, 통합, 연합, 합동, 합병, 합작에서는 합하다, 합의, 부합에서는 일치하다, 집합, 이합집산에서는 만나다, 종합, 합계에서는 전체라는 의미야.

일상생활에서 합리적이라는 말을 자주 쓸 텐데 이는 이치나 논리에 맞다는 뜻으로 "합리적이다", "합리적 사고", "합리적 해결 방법" 등의 문장에서처럼 사용하지. 아닐 비非가 들어가는 비합리적이라는 단어는 그 반대말이야.

현안懸案

– 시청에서는 구민들과 지역 현안을 협상할 계획이다.
– 현안 문제를 빠른 시일 내에 협상하여 처리하기로 했다.
– 시급한 현안들이 합리적이고 공정하게 잘 절충되기를 바라고 있다.

뉴스에서 많이 듣는 단어지만 정확한 의미를 모르는 경우가 많은데 현안도 그중 하나야. 현안을 현재 중요한 안건이란 뜻으로 생각하기 쉽지만 매달 현懸과 안건 안案으로 이뤄진 이 단어는 매달려 있는 안건을 뜻해. 즉 이전부터 의논해 왔지만 아직 해결되지 않은 채 남아 있는 문제나 의안을 일컫지. 긴급 현안 질문은 국회 회기 중에 국회의원이 국무위원을 불러 아직 해결되지 않은 문제나 의안들에 대해 질문하는 일을, 쟁점 현안은 서로 의견이 달라 아직 해결되지 않은 채 남아 있는 문제를 뜻한단다.

현상금, 현수교, 현수막, 현판, 이현령비현령, 현상수배 등도 모두 매달 현이 들어간 단어야. 현상금은 상으로 매달아 놓은 돈, 현수교는 매달아 놓은 다리, 즉 양쪽 언덕에 건너지른 줄이나 쇠사슬에 매달아서 드리운 다리를 의미해. 아래로 늘어지게 하는 것을 드리운다고 하는데 현수막은 선전문이나 구호문 등을 적은 후 걸어서 드리운 휘장을 말하지.

현판은 정자, 누각, 사당, 절, 궁궐의 처마 아래 또는 문 위에 글자를 써서 매달아 놓은 판자를 일컫는 말이야. 이현령비현령은 어떤 말이나 사실이 이렇게도 해석되고 저렇게도 해석될 때 쓰는 말인데 귀에 걸면 귀고리, 코에 걸면 코걸이가 된다는 의미야.

직장생활을 하다 보면 기안이라는 말을 자주 듣게 돼. 일으킬 기起와 안건 안案으로 이뤄진 이 단어는 안건을 일으킨다는 뜻으로 보통은 사업이나 활동 계획의 초안을 만든다는 의미로 쓰지. "기안을 하다", "사업 기안", "기안을 작성하다" 등의 문장을 그 예로 들 수 있어. 개헌안, 예산안, 개정안, 계획안에서의 안案은 생각이라는 의미야. 연구해서 새로운 방법을 생각해 내는 것을 고안, 일을 처리하거나 해결해 나갈 방법에 대한 생각을 방안, 어떤 생각을 대신하는 생각을 대안, 뱃속(마음)에 간직한 채 드러내지 않는 생각을 복안이라고 하는데 여기서의 안은 모두 생각이라는 뜻이지.

형창설안에 대해 이야기해 볼까? 반딧불 형螢, 창 창窓, 눈 설雪, 책상 안案으로 이뤄진 이 사자성어는 반딧불이 있는 창과 눈이 있는 책상이라는 뜻이야. 양초나 기름을 살 돈이 없어 창가에서 반딧불 불빛을 이용해서 혹은 책상에 눈을 쌓아 거기서 나오는 빛을 이용해서 공부했다는 의미지. 어려움을 극복하고 열심히 공부하라고 격려할 때 자주 인용하는 말이야.

미친 어휘력 ①

유보 留保

- 노조는 당분간 전면파업을 유보하겠다고 밝혔다.
- 그는 가수의 꿈을 유보한 채 자동차 회사에 취직했다.
- 시내 초·중·고등학교의 2학기 전체 등교 방침이 사실상 유보됐다.

어떤 일을 당장 처리하지 않고 나중으로 미루는 일을 유보라고 하지. 머무를 유留와 지킬 보保로 이뤄진 이 단어는 어떤 일을 머무르게 하고 그대로 지켜 나간다는 의미야. 다른 작업을 우선적으로 수행할 수 있도록 현재 진행되는 작업을 한동안 멈추거나 차례를 늦추는 것 혹은 일정한 권리나 의무 등을 뒷날로 미루어 두거나 보존하는 일을 일컫기도 하지. 보류라고도 하며 반대말은 결정이야.

그러므로 "현행 거리두기 17일까지 연장, 서민경제 충격 고려해 코로나 3단계는 유보"라는 뉴스에서 유보는 3단계로 가지 않고 우선 판단을 미루며 기다려 보겠다는 뜻이지.

학교 폭력에 대해 재심을 청구할 경우 가해학생에 대한 조치의 실행을 유보한다는 사실 알고 있니? 이 말은 재심기관인 징계조정위원회나 지역위원회의 결정이 나올 때까지 가해학생에 대한 조치의 실행이 자동적으로 미뤄진다는 뜻이야. 재심 결과가 나올 때까지는 정상적으로 학교생활을 할 수 있다는 이야기야.

법률유보의 원칙이라는 것 있어. 법률을 지켜야 한다는 원칙, 즉 개인의 자유와 권리를 보장하기 위해 행정권의 발동은 법률에 근거를 두어야 한다는 원칙이야. 여기엔 인권의 내용이나 그 보장 방법 등 상세한 것은 법률로 정해야 한다는 규율유보와 인권을 제약하는 경우에는 반드시 법률에 의해야 한다는 제한유보가 있어. 법률유보의 원칙은 헌법상 민주주의 원리, 법치주의 원리, 기본권 보장 원리에서 도출되는 원리라 할 수 있지.

소유권유보라는 것도 있어. 일정 기간 분할하여 매매대금을 지급할 경우, 계약 직후 매수인에게 목적물을 인도하되 목적물의 소유권은 대금이 완전히 결제될 때까지 매도인의 것으로 두는 것을 의미하지. 유보금이라는 것도 있어. 지급하지 않고 미루어 둔 돈이라는 뜻이야. 즉 공사의 완성과 하자보수의무 이행을 담보하기 위해 지급하지 않고 남겨 둔 계약 금액의 일부를 말해.

이제 보여, 질병 어휘

4

조현병調絃病

- 증상을 잘 관리하면 조현병 환자도 충분히 일상생활이 가능하다.
- 사회적 기능에서 장애를 겪는 조현병 환자가 꾸준히 증가하고 있다.
- 혐오와 배제의 시선이 사라져야 조현병 환자가 자신의 병과 마주할 수 있다.

조현병 환자는 공격성이 강하다고 생각하기 쉬운데 이는 오해와 편견일 뿐이야. 알고 보면 조현병 환자 중에는 타인을 공격하기보다 무서워하고 두려워하는 사람이 더 많기 때문이지. 전문가들은 약물 치료와 상담 치료를 통해 조현병 치료가 가능한데도 오해와 편견이 오히려 범죄를 부추긴다고 말하고 있어. 함께 가야 할 평범한 이웃이고 치료받을 권리가 있는 환자이기에 주위 사람들이 조현병 환자를 보듬어 줄 필요가 있고 그럼으로써 병의 완치도 가능하다는 사실을 많은 사람들이 알게 되면 좋겠어.

조현은 조절할 조調와 현악기 현絃으로 이뤄진 단어로 현악기의 줄을 조이고 풀면서 원하는 높이의 음으로 맞추는 일을 의미하지. 제대로 조율되지 않은 현악기처럼 환자가 혼란스러운 상태를 보인다고 해서 조현병이라는 이름을 붙였다고 해. 현악기 줄을 조절할 수 있는 것처럼 뇌의 신경망도 조절할 수 있다는 의미로 해석하면 어떨까.

조현병은 뇌의 이상으로 발생하는 정신 질환이야. 신체의 다양한 기능을 조절하는 기관인 뇌에 이상이 생기면 여러 기능이 손상되는 동시에 갖가지 증상들을 동반한다고 해. 그러므로 조현병은 사고, 감정, 지각, 행동 등 인격의 여러 측면에 걸쳐 광범위한 임상적 이상 증상을 일으키는 정신 질환이라고 할 수 있지.

2011년 이전에는 정신분열병이라는 용어를 썼어. 분열은 나눌 분分과 찢어질 렬裂로 이뤄진 단어로 정신이 나뉘고 찢어진 상태라는 의미야. 그런데 이 말은 실제 의학적 증상과 다를 뿐 아니라 환자에게 낙인을 찍고 인격을 모독하는 명칭이라는 비판을 받아 왔어. 또한 이 병을 앓는 환자와 그 가족, 제3자에게도 고통을 준다는 판단하에 조현병으로 병명을 바꾸게 되었지.

또 다른 정신 질환으로는 조울증, 우울증, 공황장애 등이 있어. 조울증은 성급할 조躁와 막힐 울鬱로 이뤄진 단어로 정신이 상쾌하고 흥분된 상태와 우울하고 억제된 상태가 교대로 나타나는 병이라는 의미야. 감정 변화의 기복이 심한 병이라고 할 수 있지. 어느 한쪽 상태가 주기적으로 반복되는 증세가 나타날 수도 있다고 해. 우울증은 근심 우憂와 막힐 울로 이뤄진 단어로 근심이 많고 마음이 막혀 있는 증세라는 의미야. 마음이 답답하거나 편하지 않고 활기가 없는 증상을 말하지.

장애라는 말은 신체기관이 충분히 기능하지 못하는 상태를 의미해. 공황은 뭘까? 두려워할 공恐과 다급할 황慌으로 이뤄진 이 단어는 두려움이나 공포로 갑자기 생기는 심리적 불안 상태를 의미해. 그러니까 공황장애는 뚜렷한 근거나 이유 없이 갑작스레 심한 불안과 공포를 느끼게 하는 공황발작이 되풀이해서 일어나는 병이란 뜻이야. 공황발작이 일어나면 심장이 빨리 뛰고 호흡이 가빠지는 등의 증상을 보이고 곧 죽

　　　　　　　　　　　　　　　　　　미친 어휘력 ①

을 것 같은 두려움을 느낀다고 해.

공황은 경기가 악화되어 발생하는 경제 혼란 상태를 뜻하는 경제 용어로 쓰기도 해. 이때의 공황은 생산과 소비의 균형이 깨지고 공장이 가동을 멈추는 상태, 기업이 파산하고 실업자가 급증하는 상태를 의미한단다. 1929년 미국을 중심으로 세계적 규모의 공황이 발생했는데 이를 대공황이라고 했어. 1933년 뉴딜 정책으로 상징되는 루스벨트 정부의 강력한 개입으로 대공황을 극복할 수 있었지. 이후 정부의 시장개입은 자본주의경제에서 중요한 원리로 자리잡았고 이후 여러 나라에 영향을 주었어.

내시경 內視鏡

- 퇴행이 심한 허리디스크를 내시경수술로 치료했다.
- 위험한 물건을 삼켰을 때는 빠른 시간 내에 내시경을 이용해 빼 주어야 한다.
- 양방향 내시경 척추 치료는 합병증이 적으며, 고령인 사람들에게도 좋은 결과를 보인다.

과학, 경제, 정치, 문화의 발전도 대단하지만 의학의 발전 역시 놀랄 만한데 내시경도 그중 하나야. 안 내內, 볼 시視, 거울 경鏡으로 이뤄진 내시경이라는 단어는 몸안을 볼 수 있는 거울이라는 의미로, 우리 몸

내부를 의학적으로 검사하고 시술하기 위해 몸속에 집어넣어 관찰하는 기구를 통틀어 이르는 말이야.

신체 내부를 관찰하는 기계인 내시경을 검사하는 부위에 따라 위내시경, 대장내시경, 소장내시경, 복강경, 기관지내시경, 후두내시경, 혈관내시경 등으로 분류해. 보통은 주사제나 가스를 이용해 환자를 수면 상태에 빠지게 한 뒤 내시경을 넣어 몸안을 살피며 수술을 한단다.

복막이 둘러싸고 있는 복강은 배 복腹과 속 빌 강腔으로 이뤄진 단어로 인체에서 가장 넓은 빈 공간이야. 복강을 진찰하고 치료하기 위한 내시경을 복강경. 복부에 작은 절개 창을 여러 개 내고 이 구멍을 통해 카메라 및 각종 기구들을 복강 내에 넣어 시행하는 수술을 복강경수술이라고 하지. 복강경수술 이전에는 개복수술이 일반적이었어. 개복은 열 개開와 배 복腹으로 이뤄진 단어로 수술하기 위해 배를 연다는 의미야.

요즘은 시술도 많이 하는데 수술과 시술은 국어사전을 보아도 의미를 구별하기가 어려워. 의사 선생님이 "이건 간단한 시술이어서 통증이 적고 회복도 빠르니 걱정 않으셔도 됩니다"라고 말씀하시니 수술보다 시술이 단순한 치료 방법이라고 짐작할 뿐이지. 기구를 사용해 생체를 잘라서 치료하거나 생체 일부분을 잘라 없애는 일을 수술, 주사기 등으로 빨아내거나 약물 등을 주입하고 신경을 차단하는 일을 시술이라고 생각하면 쉽게 구분할 수 있을 거야. 출혈이 있으면 수술, 출혈이 없으면 시술이라고 말하는 사람들도 있어.

수술할 때는 일반적으로 마취를 하는데 마비될 마痲와 취할 취醉로 이뤄진 이 단어는 마비시켜 취한 듯한 상태로 만든다는 의미야. 즉 약물이나 독물 등을 이용해 일정한 시간 동안 의식이나 감각을 잃게 하는 일을 말하지. 마취는 환자의 고통을 줄이기 위해서도, 의사의 정확한 관찰과 진단을 위해서도 필요하단다.

마취의 종류로는 전신마취, 부위마취, 국소마취가 있어. 전신마취는 온몸의 감각과 의식을 마비시키는 일이고, 부위(부분)마취는 수술 부위를 지배하는 근원 신경을 차단해 통증을 느끼지 못하게 하는 것을 의미해. 즉 의식은 그대로 두고 신경의 말단 감각만 차단하는 것을 뜻하지. 국소마취는 수술할 부위에 주사를 놓거나 약을 발라 부분적으로 통증을 느끼지 못하도록 하는 마취를 의미한단다.

전신마취는 투여 방법에 따라 또다시 흡입마취와 정맥마취로 나누지. 흡입마취는 기체 상태의 마취약을 흡입시켜 전신을 마취하는 마취법, 정맥마취는 마취제를 직접 정맥에 주입해 의식 또는 통각을 없애는 전신마취법이야. 그럼 수면마취는 어떤 마취법에 속할까? 수면마취도 전신마취의 일종이라는 게 그 답이야.

부검 剖檢

- 검찰은 정확한 사인을 가리기 위해 부검을 의뢰했다.
- 부검을 담당한 의사는 사체에서 타살 증거를 발견할 수 없다고 말했다.
- 부검을 하지 않을 시의 불이익은 유족들이 감수할 수밖에 없다.

피해자의 사망이 범죄로 인한 것인지를 판단하기 위해 수사기관이 시체를 조사하는 일을 검시라 하는데 검사할 검檢, 주검 시屍로 주검을 검사한다는 의미야. 검시에는 시체를 해부하지 않고 외부만을 검사하는 검안檢案과 시체를 절개하고 채취하여 검사하는 부검이 있어.

과학수사를 이야기할 때 가장 먼저 떠오르는 단어는 부검이야. 죽음의 원인을 정확하게 알기 위해 시신을 해부해서 검사하는 일을 일컫는데 가를 부剖, 검사할 검檢으로 갈라서 검사한다는 의미지. 범죄와 관련된 시신이나 죽은 원인을 알 수 없는 시신은 부검해 정확한 사인을 밝혀내는 것이 일반적이야.

시체, 사체, 시신, 주검, 송장이란 단어들은 의미가 비슷하냐고? 모두 죽은 사람의 몸을 일컫는 말인데 시신은 조금 점잖은 표현이라 할 수 있어. 유해와 유골도 비슷한 말일까? 유해는 뼈 해骸, 유골은 뼈 골骨이 들어간 단어로 모두 주검을 화장하고 남은 뼈나 무덤에서 나온 뼈를 가리키는 말이야. 화장은 불 화火와 장사 지낼 장葬으로 이뤄진 단어로 시체를 불살라 장사 지낸다는 의미지.

생검이라는 말 들어 보았니? 이 단어는 생체검사의 줄임말로 병을 진단하거나 치료 경과를 검사하기 위해 내장기관에서 체액을 뽑아내거나 조직을 약간 잘라 내어 여러 가지 방법으로 검사하는 일을 가리켜. 생검은 악성종양의 조기진단에 크게 기여하는 것으로 알려져 있지.

해부는 또 다른 개념이야. 부검, 검시, 검안은 사람에게만 쓰는 말인 데 비해 해부는 사람을 포함한 생물체를 절개해서 그 내부를 조사하거나 연구하는 일을 가리켜. 풀 해解와 가를 부剖로 이뤄진 이 단어는 배나 주요 부위를 자른다는 의미야. 그리고 "작품을 해부하여 비평하다"라는 문장에서처럼 추상적 대상의 상태를 자세히 분석해서 그 구조와 내용을 밝힌다는 의미로 쓰기도 하지.

사극을 보면 부관참시라는 말이 가끔 나오지? 쪼갤 부剖, 널 관棺, 벨 참斬, 시체 시屍로 이뤄진 이 말은 무덤을 파헤쳐 관을 쪼개고, 시체를 베거나 목을 잘라 거리에 내거는 형벌을 가리키는 말이야. 죽은 뒤에 큰 죄가 드러난 사람에게 극형을 처하고 죽은 사람을 다시 한 번 더 죽이는 형벌이었지. 실질적 형벌이라기보다는 정치적 행위로 보면 될 것 같아.

양성陽性과 음성陰性

- 코로나 검사에서 음성반응이 나온 후에야 비로소 안심할 수 있었다.
- 경기 이후 실시한 약물복용 검사에서 양성반응이 나타나 메달을 박탈당했다.
- 암세포는 양성종양과 달리 잘 전이되고 침입 후 번져 나가는 속성이 있다.

바이러스, 세균 등에 감염되었는지 여부를 알기 위해 생화학적, 세균학적, 면역학적 검사를 했을 때 피검체가 반응을 보이지 않거나 일정기준 이하의 반응을 나타내면 음성반응이라 하고, 특정한 반응을 나타내면 양성반응이라고 하지. 양성에서의 양陽은 활발하다는 의미, 음성에서의 음陰은 힘이 없다는 의미야.

양은 볕, 태양, 남성, 하늘, 돋을새김, 드러남, 태양을 좋아하는 성질, 활발함, 적극성이라는 의미로, 음陰은 그늘, 달, 여성, 저승, 음각, 드러나지 않음, 그늘을 좋아하는 성질, 소극성이라는 의미로 많이 쓰지. 그렇기 때문에 양성반응이 나왔다는 것은 반응이 두드러졌다는 의미, 음성반응이 나왔다는 것은 반응이 나오지 않았다는 의미가 된단다.

음성반응이 항상 좋은 것만은 아니야. 병원체 검사에서 음성이 나오면 해당 질병에 감염되지 않았다는 뜻이지만, 질병 항체 검사에서는 항체가 있을 때 양성으로 나오고, 항체가 없을 때 음성으로 나오므로 양성이 나오는 게 바람직해. 양성이 나오면 항체를 보유하고 있다

미친 어휘력 ①

는 뜻이어서 예방접종

을 하지 않아도 되니까.

따뜻한 볕이 바로 드는 공

간을 양지라고 하는데 혜택받는 입장

을 비유적으로 이르는 말이기도 해. 반대로 음지는 볕이 잘 들지 않는

그늘지거나 남의 눈에 띄지 않는 곳 혹은 어려운 형편을 비유적으로

이르는 말이야. 어떤 현상이 겉으로 드러나는 것을 양성적, 밖으로 드

러나지 않는 성질을 띠는 것을 음성적이라고 하는

것도 마찬가지야. 건전지의 양극과 음극도

같은 이치라고 생각하면 돼.

　지구가 태양을 한 바퀴 도는 시간

을 1년으로 하는 역법을 양력이라고

하는 건 태양과 관계있기 때문이야.

달이 지구를 한 바퀴 도는 시간을 1년

으로 하는 역법을 음력이라고 하는 건

달과 관계있기 때문이라고 보면 돼.

종양은 양성종양과 음성종양이 아니라 양성종양과 악성종양으로 구분한단다. 양성종양의 양은 좋을 양良, 악성종양의 악은 나쁠 악惡이야. 종양은 종기 종腫과 부스럼 양瘍으로 이뤄진 단어로 혹이나 부스럼을 의미하며 세포가 비정상적으로 증식해 덩어리를 형성한 것을 말하지. 암이 바로 악성종양이야. 그런데 양성종양을 진짜 좋은 것으로 착각해서는 안 돼. 악성에 비해 상대적으로 좋다는 뜻이지 진짜로 좋은 종양이란 없으니까. 양성종양은 지방이나 신경세포 등이 지나치게 증식해서 덩어리가 된 것으로, 커지는 속도가 느릴뿐더러 일정한 크기 이상 자라지 않는다는 특징이 있어. 다른 조직에 전이되지 않으며 쉽게 치유할 수도 있지. 인체에 직접 고통을 주지는 않지만 주요 기관에 압박을 가할 경우에는 문제가 될 소지가 있으니 양성종양도 치료할 필요가 있어.

인후통咽喉痛

- 인후통 증상을 보인 지 일주일 만에 코로나 확진 판정을 받았다.
- 뿌리는 인후염 치료제가 출시되었다.
- 인후통은 감기 초기 증상으로 많이 나타난다.

인후통은 목구멍 인咽, 목구멍 후喉, 아플 통痛으로 이뤄진 단어로 목구멍이 아픈 병이나 증세를 의미하지. 머리가 아픈 증세는 두통, 치아가 아픈 증세는 치통, 여성이 생리할 때 아랫배나 자궁 등이 아픈 증세는 생리통이라고 해. 편두통과 두통의 차이점은 뭘까? 두통은 머리가 아픈 병이고, 치우칠 편偏이 들어간 편두통이라는 단어는 머리가 치우쳐서 아픈 증세를 의미해. 갑작스레 일어나는 발작성 두통으로, 처음에는 한쪽 머리가 발작적으로 아프다가 온 머리로 통증이 퍼지는 특징이 있어.

배가 아프면 복통, 허리가 아프면 요통, 뼈마디가 쑤시면서 아프면 관절통이라고 하지. 육체뿐 아니라 마음이 아픈 경우도 있어. 분하고 억울해서 마음이 아픈 것을 분통이라고 하는데 성낼 분憤이 들어간 단어야. 가슴 아프게 몹시 한탄하는 것은 통한이고, 분하고 억울한 것은 원통이지.

진통이란 단어에는 진칠 진陣이 들어갈 때가 있고 누를 진鎭이 들어갈 때가 있어. "오랜 진통 끝에 무사히 출산했다", "관리에 진통을 겪어왔다"등의 문장에서는 진칠 진을 쓰는데 아픔이 진을 치고 있다는 뜻이야. 그래서 아이를 낳을 때 짧은 간격을 두고 반복적으로 발생하는 복부의 통증을 진통이라고 한단다. "논문 통과에 진통을 겪었다"등의 문장에서처럼 일을 마무리하거나 사물을 완성하기 직전 겪는 어려움을 비유적으로 일컬을 때도 마찬가지야. 그럼 누를 진이 들어간 진통의 예를 들어 볼까? "이 약은 진통 효과가 탁월하다", "진통제가 없었다면 매우 힘들었을 것이다" 등의 문장에서 쓴 진통은 누를 진이 들어간 단어로 통증을 눌러 없앤다는 의미가 된단다.

오른쪽과 왼쪽의 골반과 넙다리뼈가 연결되는 관절을 엉덩이 관절 또는 고관절이라 하는데 이때의 고는 넓적다리 고股로서 비구와 대퇴골 윗부분을 잇는 두 개 또는 그 이상의 인접한 뼈가 움직일 수 있도록 연결된 부분을 뜻하지. 이 부분은 움직일 때 체중을 지탱해서 하중을 분산하는 역할을 한단다.

당뇨는 사탕 당糖과 오줌 뇨尿로 이뤄진 단어로 소변에 당분이 많이 섞여 나오는 병을 의미해. 탄수화물대사를 조절하는 호르몬단백질인 인슐린이 부족해서 생기지. 당뇨에 걸리면 소변량과 소변 보는 횟수가 늘어나고, 갈증 때문에 물을 많이 마시게 되며, 전신에 권태가 찾아온다고 해.

"팔에 마비가 와서 움직이지 못했다", "문의 전화 쇄도로 업무가 마비될 지경이다" 등의 문장에 나오는 마비는 저릴 마痲와 저릴 비痺로 이뤄진 단어야. 신경이나 근육이 형태 변화 없이 기능을 잃어버리는 질병인데 마비가 오면 감각이 없어지고 힘을 제대로 쓰지 못하게 돼. 기능이 둔해지거나 정지되는 일을 비유적으로 일컫는 말이기도 하지.

"괴질이 돌아 많은 사람들이 죽었다"라는 말에서 괴질은 기이할 괴怪와 병 질疾로 이뤄진 단어로 원인을 알 수 없는 이상한 병이라는 뜻이야.

격리隔離

- 자가 격리 중 목욕탕에 갔던 사회복무요원은 벌금형을 받았다.
- 그 아이는 너무 난폭해서 다른 아이들과 격리해야 했다.
- 우범자를 격리한다고 해서 범죄가 줄어들지는 않을 것이다.

사람도 태어나자마자 사회에서 완전히 격리하면 동물과 다름없는 상태가 된다고 해. 인간은 서로 어울리며 성장하는 사회적 동물이기 때문이지. 격리는 사이 뜰 격隔과 떼어 놓을 리離로 이뤄진 단어로 다른 것과 통하지 못하도록 사이를 뜨게 하거나 서로를 떼어 놓는다는 뜻이야. 코로나 상황에서 전염병 환자나 면역력이 약한 환자를 다른 곳에 떼어 놓는다는 의미로 많이 쓰지.

"코로나에 감염되었을지 모르니 자가 격리를 해야 한다"고 할 때의 자가 격리는 자기 집에 머무르면서 다른 사람과 떨어진다는 의미야. 전염성 바이러스를 보유한 것으로 추정되는 사람이 자발적으로 외출을 삼가며 타인과의 접촉을 제한하는 행위를 일컫지. 이때 가족과의 접촉도 피해야 하고, 모두 마스크를 써야 하며, 가족끼리도 2미터 이상 거리두기를 해야만 해.

감염경로에는 공기감염과 비말감염이 있어. 공기감염은 공기로 인해 감염된다는 의미로 체액이 마른 후에도 바이러스가 공기를 떠다니면서 곳곳에 감염을 일으키는 것을 말하지. 비말은 날 비飛와 침방울 말沫로 이뤄진 단어로 날아다니는 침방울을 통해 바이러스가 타인에게 전파되는 것을 일컫지. 그러므로 비말감염은 감염자가 기침이나 재채기를 하거나 말을 할 때 전염된다는 뜻이야.

감염병 환자를 의사환자와 확진환자로 분류하기도 하는데 의사는 본뜰 의擬와 같을 사似로 이뤄진 단어로 실제와 비슷하다는 의미야. 병원체가 인체에 침입한 것으로 의심되지만 아직 감염병 환자로 확인되지 않은 사람을 의사환자라고 하지. 확진은 확실할 확確과 진단할 진診으로 이뤄진 단어로 확실하게 진단받았다는 의미야. 감염병 병원체 감염이 확인된 환자를 확진환자라고 하는 거야.

확진환자와 접촉한 사람을 접촉자라고 하는데 접촉은 사귈 접接과 닿을 촉觸으로 이뤄진 단어로 가까이 있으면서 닿은 사람이라는 의미야. 접촉자를 노출 시간과 노출 위험도에 따라 밀접 접촉자와 일상 접촉자로 분류하는데, 환자와 같은 공간에 얼마나 오랜 시간 체류했는지, 환자가 당시 마스크를 착용했는지 등을 역학조사관이 조사해 판단하지. 밀접은 빽빽할 밀密과 붙을 접接으로 이뤄진 단어로 빽빽한 상태로 붙어 있었다는 뜻이야. 그러니 일상 접촉자보다 밀접 접촉자가 더 위험하겠지.

바이러스는 잠복기와 감염기 사이에 어느 정도 증식해서 일정 부분 전파력을 가질 수 있어. 이 시기에 아직 증상이 나타나지 않았다면 무증상 감염기라고 하는데 감염이 되기는 했어도 증상이 없는 기간이라는 뜻이야. 잠복기는 잠길 잠潛, 엎드릴 복伏, 시기 기期로 이뤄진 단어로 잠겨 있고 엎드려 있는 시기, 즉 병원체가 몸안에 들어가서 증상을 나타내기까지의 기간을 일컫는 말이야.

코로나에 감염되었는지 불안할 땐 선별진료소에 문의하는 게 확실한 방법이라고 했어. 가릴 선選과 구별할 별別이 들어간 선별진료소라는 말은 가려서 따로 나누는 진료소를 의미해. 즉 감염이 된 것인지를 가려서 구별하기 위해 진료하는 장소를 말하지. 선별진료소는 응급실 외부 또는 의료기관과 분리된 별도의 진료 시설로, 감염이 의심되는 환자가 의료기관 출입 전에 진료를 받는 공간이야.

체온 측정, 임상 증상 확인 등 역학조사를 거친 후 코로나가 의심되는 사람은 음압병실에 격리된단다. 음압은 마이너스를 뜻하는 음陰과 누를 압壓으로 이뤄진 단어로 대기압보다 낮은 압력 상태를 의미해. 음압병실은 병실 내부의 공기압을 낮춰 공기가 항상 병실 안쪽으로만 흐르도록 설계한 병실이야. 내부의 공기가 외부로 빠져나가지 못하기 때문에 바이러스나 병균으로 오염된 내부 공기가 외부로 배출되지 않지. 환자를 외부 및 일반 환자들과 분리해 수용 치료하기 위한 특수 격리 병실인 음압병실은 감염병 확산을 막기 위한 필수 시설이라고 할 수 있어.

기저 질환 基底疾患

- 기저 질환 환자는 의료 전문의를 통해 가장 적합하고 실현 가능한 해결법을 찾아야 한다.
- 기저 질환자의 백신 접종 우려에 대해 전문가들은 백신 부작용은 드물기 때문에
  접종 시 이득이 더 크다고 발표했다.

기저 질환을 앓고 있는 환자가 코로나19 바이러스에 취약하다는 뉴스를 들었을 거야. 기저는 기초 기基와 바닥 저底로 이뤄진 단어로 뿌리나 밑바탕이 되는 기초라는 의미야. 따라서 기저 질환은 어떤 질병의 원인이나 밑바탕이 되는 질병, 즉 만성 폐 질환, 고혈압, 당뇨병, 천식, 신부전, 결핵, 간 질환 등 평소 가지고 있던 만성적인 질병을 일컫는 말이지. 만성은 게으를 만慢과 성질 성性으로 이뤄진 단어로 게으른 성질이라는 의미야. 즉 급히 악화되지도 않고 쉽사리 낫지도 않는 성질을 가리키지. 버릇이 되다시피 해서 쉽게 고쳐지지 않는 상태나 성질을 뜻하는 말이기도 해. 반대말은 급성으로 갑자기 증세가 나타나고 빠르게 진행되는 성질을 가리키지.

　기저 질환과 비슷한 말로는 지병과 숙환이 있어. 지병은 가질 지持와 병 병病으로 이뤄진 단어로 가지고 있는 병이라는 의미야. "할아버지께서 지병으로 고생하시다 돌아가셨다"라는 문장에서처럼 쓰곤 한단다. 숙환은 묵을 숙宿과 병 환患으로 이뤄진 단어로 묵은 병, 오래

된 병을 일컫는 말이야. 노환이라는 말도 있는데 늙을 로老가 들어간 이 단어는 늙어 쇠약해져서 생긴 병을 뜻하지.

기저 질환을 가지고 있는 사람들은 면역력이 취약하기에 비슷한 조건에서 바이러스에 노출될 때 그렇지 않은 사람들보다 감염되기가 쉬워. 게다가 회복이 느리고 완치가 어렵기 때문에 전염병을 관리할 때 일반적으로 고위험군으로 분류하곤 해. 고위험군은 무리 군群이 들어간 단어로 위험이 높은 사람들의 부류나 집단을 말하지.

기저 질환을 가지고 있다면 감염병 등이 유행할 때 예방에 더욱 주의를 기울여야 해. 면역력을 떨어뜨리는 위험 요소인 과로, 음주, 흡연, 스트레스를 피하도록 노력하고 마스크 착용과 손소독에 더욱 신경을 써야만 하지.

이비인후과는 귀 이耳, 코 비鼻, 목구멍 인咽, 목구멍 후喉가 들어간 단어로 귀, 코, 목구멍, 기관, 식도에 발생하는 질병의 진단 및 치료를 전문으로 하는 의학의 한 분과를 가리키는 말이야. 정형외과는 가지런할 정整과 모양 형形이 들어간 단어로 몸을 가지런하게 만들어 준다는 의미지. 근육이나 골격 등 운동기관의 기능장애나 형태 이상의 예방, 치료, 교정을 연구하는 임상의학을 일컫는 말이야.

한의원이나 한방병원의 한을 중국 한나라를 의미하는 한漢으로 생각하기 쉬운데 사람이 많을 거야. 그런데 이때의 한은 대한민국을 의미하는 한韓이야. 한의원이나 한방병원은 중국 의학이 아닌 우리나라의 전통 의학을 펼치는 곳이야. 물론 중국의 영향도 있었겠지만 어디까지나 우리나라에서 발달한 우리 고유의 전통 의학이라는 사실을 잊지 않으면 좋겠어.

부정맥 不整脈

- 매년 부정맥 환자 수가 늘고 있다는 사실에 주의해야 한다.
- 어제 세상을 떠난 친구는 평소 혈압이 높고 부정맥이 있는 등 순환기계통이 좋지 않았다.
- 부정맥은 박동 수가 너무 빠른 빈맥과 너무 느린 서맥 등 두 종류로 분류할 수 있다.

심장 질환자 중 부정맥 환자 비율이 점차 증가한다는 이야기를 들었어. 부정맥은 아닐 부不, 가지런할 정整, 맥박 맥脈으로 이뤄진 단어로 맥박이 가지런하지 못하다는 의미야. 심장박동이 고르지 못하고 불규칙적인 상태라는 뜻이지. 부정맥은 심장 이상이나 호흡의 영향 때문에 생리적으로 일어난다고 알려져 있어.

그런데 여기서 왜 '아닐 불'이라고 하지 않고 '아닐 부'라고 했을까? 뒤에 이어지는 음절의 초성이 디귿(ㄷ)이나 지읒(ㅈ)이면 '불'이 아닌 '부'로 발음하기 때문이야. 그래서 불동산이 아니라 부동산, 불조리가 아니라 부조리라고 하지. 뒤에 이어지는 음절이 디귿이나 지읒이 아닐 땐 당연히 불로 발음해야 해. 불이익, 불편, 불안, 불광불급 등의 단어를 그 예로 들 수 있지. 불광불급은 미칠 광狂과 미칠 급及이 들어간 단어로 미치지 않으면 미치지 못한다라고 해석할 수 있어. 앞의 미치다는 열중하다, 뒤의 미치다는 도달하다는 의미지. 즉 최선을 다하지 않으면 목표에 도달하지 못한다는 뜻이야.

부동맥은 부정맥과 비슷한 말일까? 아니. 부동맥의 동은 같을 동同이니까 맥박이 같지 않다는 의미야. 동일한 혈관에서 좌측 순환할 때와 우측 순환할 때의 맥박 강도가 다르게 나타나는 맥박을 부동맥이라고 하지. 빈맥은 무슨 뜻일까? 빈을 가난할 빈貧으로 생각해서 천천히 뛰는 맥으로 착각할 수 있는데 여기서의 빈은 자주 빈頻이야. 즉 자주 뛰는 맥박을 의미하지. 그렇다면 천천히 뛰는 맥박은 뭐라고 부를까? 천천히 할 서徐를 써서 서맥徐脈이라고 한단다. 요즘은 빈맥과 서맥을 잦은맥박과 느린맥박이라는 새로운 용어로 부르고 있어.

심부전과 협심증에 대해서도 알아볼까? 심부전은 심장이 온전하지 못하다는 의미로 심장의 수축운동이 비정상적이어서 신체 각 부위로 피를 충분히 내보내지 못하는 병적 상태를 일컫는 말이야. 협심증은 좁아질 협狹과 심장 심心이 들어간 단어로 심장벽의 혈관이 갑작스레 막히거나 경련으로 딱딱하게 굳어져서 몸이 쑤시고 극심한 통증을 유발하는 증세를 의미하지.

앞서 정형외과가 가지런할 정整이 들어간 단어라고 했는데 조금 더 살펴볼까? 어떤 기준이나 실정에 맞도록 조절하여 정돈하는 것을 조정, 흐트러진 것이나 어수선한 것을 한데 모으거나 있어야 할 자리에 두어 질서 있는 상태가 되게 하는 것을 정리, 땅을 반반하게 고르는 작업을 정지작업이라고 하지.

수학에서 자연수와 자연수에 음수 부호를 붙인 수, 그리고 0까지 통틀어 정수라고 부르는 이유는 -3, -2, -1, 0, 1, 2, 3 등이 같은 간격으로 가지런하게 정돈할 수 있는 숫자기 때문이야. 자연에 존재하는 숫자를 자연수라고 하는 것은 돌멩이 한 개, 돌멩이 두 개, 돌멩이 세 개는 있어도 돌멩이 1.4개나 돌멩이 -3개가 있을 순 없기 때문이야.

이제 동음이의어에 대해 한번 알아볼까? 부정이란 단어에는 바를 정正의 반대인 바르지 않거나 옳지 못하다는 뜻의 부정不正과 긍정의 반대인 부정否定이 있어. 이때의 부정은 그렇지 않다고 단정하거나 옳지 않다고 반대한다는 뜻이지. 깨끗할 정淨의 반대인 부정不淨은 깨끗하지 않다는 뜻이고 정할 정定의 반대인 부정不定은 정해지지 않았다는 뜻이야.

담도암 膽道癌

- 초기 증상 없는 담도암, 5년 생존율은 28%
- 생존율이 낮은 담낭암, 담도암이 발생하는 원인은 뚜렷하게 밝혀지지 않았다.

의학의 발달로 예전에 비해 치료가 쉬워지고 완치율이 높아지긴 했어도 암은 여전히 인간에게 가장 무서운 질병이자 국내 사망 원인 1위의 질병이야. 생체 조직 안에서 세포가 무제한으로 증식해 악성종양을 발생시키는 병을 암이라고 하는데 시간이 흐를수록 주위 조직을 침범하거나 다른 장기에 전이되어 죽음에 이르게 하는 것으로 알려져 있어. 이렇게 무서운 질병이다 보니 커다란 장애나 고치기 어려운 나쁜 폐단을 비유적으로 일컬을 때도 많이 쓰지. "자기만 잘살면 그만이라는 생각을 가진 사람들은 사회의 암이다"라는 문장을 예로 들 수 있어.

담도암은 치료가 힘들고 생존율도 매우 낮아. 암이 진단될 때까지 증상이 나타나지 않아서 조기 발견이 어렵기 때문이야. 민물고기를 회로 먹었을 때 감염되어 담도암으로 발전하기 쉬운데 담관 폐쇄로 인한 황달이나 소변 색이 갈색으로 변하는 등의 증상을 보인다고 해. 담도는 쓸개 담膽과 길 도道로 이뤄진 단어로 간과 쓸개에서 쓸개즙을 받아 십이지장으로 보내는 관을 의미하지.

"몸이 허약하면 면역력이 떨어지게 마련이다", "면역력이 약한 아이들은 바이러스에 감염되기 쉽다"라는 말 들어 봤지? 면역력은 벗어날 면免, 전염병 역疫, 힘 력力으로 이뤄진 단어로 질병에서 벗어나는 힘이라는 의미야. 몸속에 들어온 병원미생물에 대항하는 항체를 생산해 독소를 중화하거나 병원미생물을 죽이는 힘을 뜻하지. 또한 다음번엔 그 병에 걸리지 않게끔 하면서 외부에서 들어온 병원균에 저항하는 힘이기도 해.

항체란 뭘까? 대항할 항抗과 물질 체體로 이뤄진 이 단어는 병원균에 대항하는 물질을 의미해. 즉 항원의 침입을 받은 생체가 거기에 반응해서 만들어 내는 단백질을 뜻하지. 항체는 병균을 죽이기도 하고 몸의 면역성을 키워 주기도 한단다. 항원이라는 말도 있어. 항체 항抗과 근원 원原으로 이뤄진 이 단어는 항체의 근원이 되는 것이라는 뜻으로 몸안에 침입해서 항체를 만드는 단백성 물질을 의미하지.

신체기관에 쓰는 한자로는 허파 폐肺, 밥통 위胃, 콩팥 신腎, 젖 유乳, 방 방房, 음식 식食, 길 도道, 곧을 직直, 창자 장腸, 클 대大, 쌍배 방膀, 오줌통 광胱 등이 있어. 전립선은 앞에 서 있는 샘(분비작용을 하는 기관), 자궁은 자식을 품은 집, 난소는 난자를 만들어 내는 집이야.

신체 기관을 나타내는 '장'에는 내장 장臟과 창자 장腸이 있어. 심장, 신장, 간장, 폐장, 비장에서는 내장 장이고, 대장, 소장, 결장, 직장, 맹장, 십이지장에서는 창자 장이야.

마음이나 행동이 정상에서 벗어나 제정신이 아닌 상태일 때 환장하겠다는 말을 쓰는데 바꿀 환換과 창자 장이 들어간 이 단어는 창자의 위치가 바뀔 지경이란 뜻이지. 〈단장의 미아리고개〉라는 옛 노래 들어 본 적이 있니? 여기서의 단장은 끊을 단斷과 창자 장腸이야. 즉 이 노래의 제목은 창자가 끊어질 듯한 아픔을 주었던 미아리고개라는 의미지. 왜 그토록 절절한 아픔을 겪어야 했을까? 그 고개에서 사랑하는 임이 적군에게 끌려갔기 때문이야.

놓지 마,
네 글자
어휘

5

공사다망 公私多忙

- 공사다망했던 대통령의 1박 2일 일정이 끝났다.
- 예식장 3층 식당에서 결혼식 피로연이 있을 예정입니다.
- 공사다망을 핑계 삼아 운동을 게을리했다.

공사다망은 공식적 행사의 인사말에 많이 나오는 말로 "공사다망하심에도 불구하고"라는 문장에서처럼 공평할 공公, 개인 사私, 많을 다多, 바쁠 망忙이 들어간 공사다망이라는 단어는 공적 업무와 개인적 일로 많이 바쁘다는 의미야. 공은 여러 사람에게 관계되는 일, 사는 개인적 일로 이해하면 된단다.

또한 공평하다, 드러내다, 관청 등의 의미에 더해 공을 존칭 접미사로 쓰기도 해. 공평하고 올바른 것을 공정, 공공기관이나 단체에서 공식으로 내는 문서를 공문, 어떤 사실을 여러 사람 앞에 널리 드러내는 일을 공개라고 하지. 사회의 일반 구성원에 공동으로 속하거나 두루 관계되는 것을 공공, 국가나 사회가 공적으로 인정하는 형식이나 방식을 공식적, 공개된 자리에서 연극이나 영화, 무용, 음악 등을 상연하는 것을 공연이라고 해.

이와 달리 사는 개인적인 것, 홀로 하는 것이라는 의미로 많이 쓴단다. 사생활, 사립학교, 사채이자, 사교육, 사유지, 사석, 사리사욕, 사비, 사문서, 사물함 등을 그 예로 들 수 있어.

결혼식장에서는 식이 시작되기 전 사회자가 "내빈께서는 자리에 앉아 주시기 바랍니다"라고 말하지? 내빈은 올 래來와 손님 빈賓으로 이뤄진 단어로 오신 손님이라는 뜻이야. "하객 여러분께 감사드립니다"라고 할 때의 하객은 축하할 하賀와 손님 객客으로 이뤄진 단어로 축하하러 온 손님이라는 의미지. 그런데 혹시 '민폐 하객'이라는 말 들어 본 적 있니? 신부보다 더 예쁘게 꾸미고 결혼식에 참석한 하객을 지칭하는 신조어라고 해.

연회는 잔치 연宴과 모임 회會로 이뤄진 단어로 축하나 위로, 환영, 석별 등을 위해 음식을 차리고 손님을 청해 즐기는 일을 뜻하고, 환영은 기쁠 환歡과 맞이할 영迎으로 이뤄진 단어로 기쁘게 맞이한다는 의미야.

결혼식이나 잔치에 따라다니는 단어가 피로연인 것 알지? 피로연을 피로를 푸는 잔치라는 의미로 오해하는 사람이 있는데 그런 뜻이 아니야. 열 피披, 드러날 로露, 잔치 연宴으로 열어 놓고 드러내어 알리는 잔치라는 뜻이지. 결혼했다는 사실을 여러 사람에게 알리는 잔치나 돌을 맞이했다는 사실을 사람들에게 열어(공개하여) 알리는 잔치가 피로연인 거야.

조문은 남의 죽음에 대하여 슬퍼하는 뜻을 드러내어 상주를 위문한다는 의미야. 이런 일을 하려고 장례식에 온 사람을 조문객이라고 하지. 또 조의를 표하는데 쓰는 꽃은 조화라고 해. "빈소가 마련되었다"라고 하는데 상을 당해 상여가 나갈 때까지 관을 놓아두는 곳을 말해. 빈殯이 시신을 관에 넣어 일정한 곳에 모셔 두는이라는 의미거든.

지상주의至上主義

- 외모지상주의 대한민국, 정말 이대로 괜찮을까?
- 김 선생님의 문학세계는 예술지상주의에 입각한 유미주의적 성격을 띠고 있다.
- 이 영화는 허영 의식과 출세지상주의 풍조를 신랄히 고발한 블랙코미디다.

예술지상주의, 시청률지상주의, 출세지상주의, 성장지상주의, 소비지상주의, 능률지상주의, 승리지상주의, 성과지상주의……, 그리고 요즘 더 굳건해진 공부지상주의, 대학지상주의, 학벌지상주의 등 특정 명사에 지상주의가 붙은 말을 많이 보았을 거야. 그런데 지상주의의 정확한 의미를 아는 사람은 많지 않은 것 같아. 지상은 지극할 지至와 윗상上으로 이뤄진 지상은 지극히 위에 있다는 뜻이야. 그 앞에 붙은 명사를 가장 으뜸으로 삼는 경향을 일컫는 말이지.

"이것은 지상 명령이다", "우리의 지상 과제는 ~이다", "우리 가정의 지상 목표는 건강과 행복 만들기다" 등의 문장에서도 지상은 "그 어떤 것보다 위에 있는", "그 무엇보다 중요하게 생각하는", "그 어떤 것과도 바꿀 수 없는"이라는 뜻으로 썼어. 최상이나 정상과도 비슷한 말이라고 할 수 있지.

IN 서울

지방대

바깥 외外와 모양 모貌로 이뤄진 외모라는 단어는 겉으로 드러나 보이는 모양이라는 의미야. 따라서 외모지상주의는 외모를 최고의 가치로 여기는 사고방식을 일컫는 말이야. 영어로는 루키즘lookism이라고 하지. 외모지상주의에 빠진 사람들은 외모가 개인 간 우열과 성패를 좌우한다고 믿기 때문에 지나치게 외모에 집착하는 경향이 있어. 눈에 보이는 아름다움보다는 내면의 아름다움을 중요시하면서 외모지상주의가 팽배한 사회적 풍토를 개선해야 하지 않을까?

앞서 말한 지극히 위라는 의미의 지상至上 말고도, 땅 지地와 윗 상으로 이뤄진 지상地上이라는 단어가 있어. 땅의 위, 이 세상이라는 뜻이지. 종이 지紙가 들어간 지상紙上이라는 단어도 있는데 종이 위, 즉 신문의 지면을 일컫지. 어떤 문장을 읽을 때 문맥을 잘 살펴서 단어의 의미를 구별해 내기도 하지만 한자를 알고 있다면 이렇게 한자로 표기한 단어의 의미를 더 쉽게 구별하고 이해할 수 있어.

KBS, MBC, SBS, EBS 등을 지상파 방송이라 하는데 이때는 어떤 지상일까? 땅 지地, 윗 상上을 쓴 지상 아닐까? 땅 위에 돌아다니는 전파이기에 누구나 가져다 쓸 수 있는 방송이니까. 공중에 떠다니는 전파이기 때문에 공중파방송이라고도 하지. 지상파가 아닌 방송은 케이블 같은 유선망을 통해 제공되기 때문에 케이블방송이라고 하는 거야.

외모지상주의뿐만 아니라 영어지상주의, 학벌지상주의, 출세지상주의가 만연한 풍토는 문제가 있어. 영어도, 학벌도, 출세도 무시할 수 없는 요소이긴 하지만 영어만 잘하면 된다는 생각이나, 좋은 대학에 합격만 하면 끝이라는 생각, 출세가 전부라는 생각 등은 분명 개인에게도, 사회에도 좋지 않은 영향을 미치기 때문이야.

배금주의 拜金主義

- 현대인들의 상당수는 배금주의에 물들어 있다.
- 이 영화는 현시대의 비인간화와 배금주의를 고발하고 있다.
- 형제의 재산 싸움은 우리 사회에 만연한 배금주의의 일단을 엿보게 한다.

배라는 글자에서 대부분 배반의 배背를 떠올리겠지만 절하다, 숭배하다라는 의미의 배拜도 많이 쓴단다. 배반의 뜻을 포함하는 배신, 위배, 배은망덕, 배교자, 면종복배 등의 단어에서는 배반할 배를 쓰지만 절을 한다는 뜻을 포함하는 세배, 경배, 재배, 숭배, 백배사죄 등의 단어에서는 절할 배拜를 썼지.

배금주의는 돈에 절하는 태도야. 즉 돈을 가장 소중한 것으로 여기고 지나치게 돈에 집착하는 태도나 경향이라고 할 수 있어. 배금주의는 모든 것을 돈과 연관해서 생각하고 돈을 만능으로 여기므로 정치,

경제, 사회, 문화, 교육, 예술 등 사회 전 분야에 해악을 미친다고 보아도 과장이 아니야. 황금만능주의 또는 물질만능주의라고도 하는데 여기서 만능주의는 무엇이든 다 할 수 있다고 생각하는 입장이나 관점을 뜻하지.

자본주의는 무슨 뜻일까? 자본을 가지고 이익을 추구한다는 의미야. 생산수단을 가진 자본가가 노동자 계급의 노동력을 사서 생산활동을 함으로써 이익을 추구해 나가는 사회경제 체제를 의미한단다.

성경을 읽고 기도와 찬송으로 하나님에 대한 존경과 숭배를 나타내는 의식을 예배라고 하는데 이때의 배도 절할 배야. 하나님께 예절을 지키고 절한다는 의미지. 존중할 숭崇이 들어간 숭배라는 단어는 존중하여 절하며, 훌륭히 여겨 우러러 공경한다는 뜻이야. 종교적 대상을 우러러 받든다는 말이지. 조로아스터교를 배화교라고 하는 이유는 불을 신성하게 여겨 숭배하는 신앙이기 때문이야.

혹시 조문 절차를 알고 있니? 먼저 상주에게 목례를 한 후, 헌화하고 분향하고 재배한 다음, 상주와 맞절하고 상주에게 위로의 인사를 건네는 게 순서야. 바칠 헌獻이 들어간 헌화라는 단어는 꽃을 바치는 일, 불태울 분焚이 들어간 분향이라는 단어는 향을 피우는 일, 다시 재再가 들어간 재배라는 단어는 두 번 절하는 일을 의미하지.

목례를 목을 굽히면서 하는 인사로 생각하기 쉬운데 이때의 목은 머리와 몸통을 잇는 잘록한 부분인 목을 뜻하는 말이 아니라 한자 '눈

목目'이야. 그러니까 목례는 눈으로 하는 가벼운 인사를 가리키지.

금金은 쇠 steel, 돈 money, 금 gold 이라는 의미로 많이 쓰고, 성으로도 쓰지. 성으로 쓸 때는 '김'이라고 발음하는 것 잘 알지? 금속, 귀금속, 금관악기 등에서는 쇠라는 의미이고 금융, 자금, 최저임금, 체불임금, 상금. 입금, 현금, 금리, 기금, 예금, 등록금 등에서는 돈이라는 의미야. 또한 금괴, 금동불, 금메달, 금관총, 금반지에서는 금이라는 의미지. '김金 아무개'라고 할 때의 금은 성씨로 쓴 것이기에 '금'이 아닌 '김'으로 발음해야 해.

전지훈련 轉地訓鍊

- 우리 학교 축구부는 남해에서 2주 동안 전지훈련을 하고 돌아왔다.
- 전지훈련과 연습경기 내용을 통해서 경기에 출전할 11명의 선수를 확정할 예정이다.
- 팬데믹 상황이 종식되지 않는 한 해외가 아닌 국내에서 전지훈련을 해야 한다.

매해 겨울철이면 프로스포츠 선수단은 따뜻한 남쪽 나라로 전지훈련을 떠나지만 계속되는 코로나로 인해 2020년에는 국내에서 전지훈련을 해야 했어. 그런데 해외에 나가지 않았을 때도 전지훈련이라고 할까? 환경조건이 다른 곳에 옮겨가서 하는 국내에서의 훈련도 전지훈련이라고 하는 게 맞아. 옮길 전轉과 장소 지地가 들어간 전지라는 단어는 장소를 옮긴다는 의미니까. 서울에서 남해로 장소를 옮겨 훈련하면 남해 전지훈련, 전주에서 제주도로 장소를 옮겨 훈련하면 제주도 전지훈련이라고 하지. 훈련은 재주나 기예 등을 배우거나 익히기 위해 되풀이해서 연습하는 것을 일컫는 말이야.

옮길 전이 들어가는 또 다른 단어로는 딴 학교로 학적을 옮겨 학업을 계속하는 것을 뜻하는 전학, 본래 있던 자리에서 다른 관직으로 옮겨 직무를 받게 하는 것을 뜻하는 전보, 직장이나 직업을 바꾸어 옮기는 것을 뜻하는 전직 등이 있단다. 전은 구르다란 의미로도 많이 쓰지. 한번 산 것을 다른 사람에게 되팔아 넘기는 일을 뜻하는 전매, 다른 방향이나 다른 상태로 바꾸는 일을 뜻하는 전환, 재앙이 바뀌어 오히려 복이 되는 것을 뜻하는 전화위복 등의 단어가 그 예라고 할 수 있어. 전화위복은 좋지 않은 일이 계기가 되어 오히려 좋은 일이 생긴다는 의미야.

전지의 동음이의어에 전지電池가 있는데 전기 전電과 연못 지池로 이뤄진 단어로 전기를 모아 놓은 연못이라는 뜻이야. 이는 화학반응, 방사선, 온도 차이, 빛 등으로 전극 간에 전위차가 발생하게 해서 전기에너지를 만드는 장치를 말하지. 마를 건乾이 들어간 건전지는 글자 그대로 풀이하면 마른 전지가 되는데 액체 상태의 전해질을 쓰지 않아 휴대가 편하도록 만든 전지라는 뜻이야.

전지의 또 다른 동음이의어로는 자를 전剪과 가지 지枝로 이뤄진 전지剪枝가 있어. 이 단어는 나뭇가지를 다듬거나 잘라 낸다는 의미야. 온전 전全과 종이 지紙로 이뤄진 전지全紙도 있는데 자르지 않은 온전한 종이라는 뜻으로 펼친 신문지 두 배 크기의 종이를 말한단다. 온전할 전全과 알 지知로 이뤄진 전지全知라는 단어도 있어. 이 단어는 모든 것을 안다는 뜻으로 "전지전능하신 하나님"이라는 문장에서처럼 쓰는 말이야.

감정이나 욕심, 충동 등을 이성적 의지로 눌러 이기기 위해 실시하는 강도 높은 체력훈련을 극기훈련이라고 하는데 이길 극克과 자기 기己로 이뤄진 단어로 자기를 이기는 일이라는 의미야. 지옥훈련은 지옥 생활 같은 훈련이라는 뜻으로 고된 훈련을 비유적으로 이르는 말이지. 재활훈련은 사고나 정신적 질환으로 일상생활이 어려운 사람들이 다시 일상생활에 복귀하기 위해서 하는 훈련, 가상훈련은 어떤 상황이 실제로 일어날 경우에 대비해서 진행하는 훈련, 적응훈련은 일정한 조건이나 환경 등에 적응하기 위해서 하는 훈련, 합숙훈련은 같은 목적을 가진 사람들이 한곳에 함께 묵으면서 하는 훈련이야.

직무훈련이라는 것도 있어. 직업상 맡은 임무를 더욱 능숙하게 수행하기 위해 직무에 필요한 혹은 직무와 관계있는 기술이나 이론 등을 배우고 익히는 일을 가리키지. 군대에서는 제식훈련을 받는데 제식은 일정한 양식이라는 뜻이야. 그러므로 제식훈련은 군인처럼 행동의 통일성이 필요한 사람들에게 규율과 행동의 절도를 익히게 하는 훈련을 말하지.

장삼이사 張三李四

- 영웅호걸도 평화로운 시대에 태어났더라면 장삼이사로 살다 죽었을 것이다.
- 좋은 세상은 뛰어난 몇몇 사람이 아닌, 갑남을녀가 똑같이 잘사는 세상이다.
- 부와 권력을 누리며 한세상 호령하는 삶 못지않게 필부필부로 살아가는 삶도 좋아.

나이들수록 평범한 삶이 가장 멋지고 아름다운 삶이라는 생각을 많이 하게 돼. 평범한 사람을 일컫는 말로는 장삼이사가 있어. 장씨張氏의 셋째 아들과 이씨李氏의 넷째 아들이라는 뜻인데 중국에는 장씨가 가장 많고 그다음으로 이씨가 많기에 이런 말이 만들어졌지. 우리나라에는 김씨와 이씨가 많으니까 김삼이사라고 하면 어떨까?

갑남을녀는 갑甲이라는 남자와 을乙이라는 여자라는 의미로 역시 평범한 사람을 일컫는 말이야. '갑甲, 을乙, 병丙, 정丁……'은 '첫째, 둘째, 셋째, 넷째……', '가, 나, 다, 라……', 'A, B, C, D……'처럼 순서를 나타낼 때 쓰는 기호라고 생각하면 돼. 그러니까 갑남을녀는 'A라는 남자와 B라는 여자'처럼 보통 사람이라는 의미지.

선남선녀라는 말도 있어. 착한 남자와 착한 여자라는 의미인데 착하고 어진 보통 사람 혹은 젊은 남자와 젊은 여자를 일컬을 때 많이 사용하는 말이야. 필부필부는 어떻게 평범한 사람이라는 뜻이 되었을까? 필匹은 단위 또는 짝이라는 의미를 나타내기도 하지만 여기서는 보통 사람이라는 뜻이야. 부夫는 남편, 부婦는 아내를 의미하니까 보통 남편과 보통 아내라는 말이지.

우부우부 역시 평범한 사람을 나타내는 말이야. 어리석을 우愚가 들어가니 어리석은 남편, 어리석은 아내라는 의미로 해석할 수도 있지만 겸칭으로 보면 무리가 없을 거야. 인간은 기본적으로 어리석다는 전제에서 나온 말이라고도 할 수 있지.

초동급부 역시 평범한 사람을 가리키는 말이야. 땔나무 초樵, 아이 동童, 물길을 급汲, 아낙네 부婦가 들어간 이 말은 땔나무하는 아이와 물긷는 아낙네라는 뜻이지. 기름도, 가스도, 석탄도 없었던 과거에는 나무를 연료로 사용했고 평범한 아이들은 땔나무를 하러 산을 오르내렸어. 상수도 시설이 없었으니 아낙네들은 우물에서 물을 길었지. 초동급부는 이런 환경에서 나온 말이야.

"초연이 쓸고 간 깊은 계곡/깊은 계곡 양지 녘에/비바람 긴 세월로 이름 모를/이름 모를 비목이여/먼 고향 초동 친구 두고 온 하늘가/그리워 마디마디 이끼 되어 맺혔네."

〈비목〉이라는 시이자 노래의 첫 구절이야. 비목은 죽은 이의 신원을 새겨 무덤 앞에 세운, 나무로 만든 비碑를 말하지. 전쟁 중이라 돌이 아닌 나무로 어설프게 만들었던 거야. 초연은 화약 연기, 초동 친구는 함께 땔나무를 하러 다녔던 가깝고 오래 사귄 벗을 의미해. 초연에는 화약 초硝, 초동 친구에는 땔나무 초가 들어갔어. 화약 연기 자욱한 전쟁터에서 한 젊은이가 죽었고, 누군가 비목을 세워 주었지만 이름은 지워져 있었어. 고향과 고향 친구들에 대한 그리움은 이끼가 되어 맺혀 있었지. 대한민국 현대사의 한 장면을 보여주는 가슴 아픈 구절이야.

읍참마속 泣斬馬謖

- 사장은 읍참마속의 심정으로 회사를 위해 헌신했던 본부장을 사직케 했다.
- 참모들을 읍참마속할 수 있어야 진정한 지도자라 할 수 있다.
- 공직사회의 기강 확립 차원에서도 읍참마속이 필요하다.

원칙과 공정한 법집행, 대의를 위해서 사사로운 정을 버리는 일을 읍참마속이라고 한다. 울 읍泣, 목벨 참斬과 사람 이름 마속馬謖으로 이뤄진 말로 울면서 마속의 목을 베었다는 뜻이야. 큰 목적을 위해 자신이 아끼는 사람을 버릴 때 혹은 권력의 공정성을 요구할 때 사용하기도 하지.

읍참마속은 《삼국지연의》에서 유래한 말로 제갈량과 관련된 고사성어야. 위나라와 격돌한 제갈량의 가장 큰 고민은 요충지 가정 지역을 방어하는 일이었어. 어느 장수에게 방어를 맡기느냐 고민할 때 자원해서 맡겠다고 나선 장수가 바로 제갈량의 절친이었던 마양의 동생 마속이었지. 제갈량은 마속에게 중요한 길목에 진을 치라고 했지만 마속은 명령을 어기고 산꼭대기에 진을 친 후 역공을 펼쳤다가 크게 패하고 말았어. 제갈량은 고심 끝에 눈물을 흘리며, 작전 지시를 어기고 패한 마속을 군율에 따라 참수했어. 엄격한 군율이 살아 있음을 알림으로써 군의 질서를 세우기 위해서 마음이 아프지만 해야만 했던 선택이었지. 이 이야기에서 읍참마속이라는 고사성어가 만들어졌어.

고사성어, 한자성어, 사자성어를 비슷한 의미라고 생각하기 쉽지만 모두 개념이 다른 말이야. 고사성어는 옛날에 일어난 어떤 사건에서 유래하여 관용적인 뜻으로 굳혀진 말이야. 그렇기 때문에 글자만으로는 확실한 뜻을 알 수 없고 반드시 일의 전후 사정을 알아야만 정확한 의미를 이해할 수 있어. 한자성어는 사건과 관계없이 글자만으로 의미를 알 수 있는 말로, 관용적인 뜻으로 굳어진 한자로 된 말을 가리키지. 네 글자로 이뤄진 말이라는 뜻인 사자성어는 한자성어와 고사성어 중에서 넉 자로 된 말을 가리켜. 따라서 두 자, 석 자, 다섯 자, 여섯 자로 된 말은 사자성어가 아니지.

숙어와 관용어는 의미가 어떻게 다를까? 익을 숙熟과 말 어語로 이뤄진 숙어라는 단어는 익은 말, 익숙해진 말을, 버릇 관慣과 사용할 용用으로 이뤄진 관용어라는 단어는 버릇이 되어 버린 말, 습관적으로 쓰는 말을 의미하므로 두 단어는 같은 뜻이야. 그래서 두 개 이상의 단어로 이뤄져 있고 본래 단어의 의미와는 다른 의미로 쓰는 말을 숙어 또는 관용어라고 하지. 영어 숙어를 외우는 데는 신경쓰면서 우리말에 숙어가 있다는 걸 깨닫지 못했겠지만 우리말에도 엄청나게 많은 숙어가 있단다. 코가 높다, 손을 끊다, 목에 힘을 주다, 발 벗고 나서다, 파김치가 되다, 바가지를 쓰다, 찬물을 끼얹다, 이를 갈다, 눈이 높다, 입이 짧다 등이 모두 숙어 또는 관용어야.

읍참마속과 비슷한 말인 대의멸친은 커다란 의로움을 위해 친한 사람(부모 형제)까지 없애 버린다(돌보지 않는다)는 의미지. 읍참마속이란 말은 고사성어, 한자성어, 사자성어에 해당되지만, 대의멸친이란 말은 한자성어, 사자성어이긴 해도 고사성어는 아니야.

좌고우면 左顧右眄

- 상황이 너무 급박하여 좌고우면할 겨를도 없이 일을 결정해 버렸다.
- 좌고우면하는 것을 우유부단하다고 여길 수도 있지만 신중한 면모로 볼 수도 있다.
- 좌고우면하지 말고 지금 당장 선생님 충고를 받아들여라.

"좌고우면할 시간이 없다", "좌고우면하지 마라", "좌고우면하지 않겠노라 큰소리를 쳤다" 등의 문장 속 좌고우면이라는 말은 왼 좌左, 돌아볼 고顧, 오른쪽 우右, 곁눈질할 면眄으로 이뤄진 단어로 왼쪽을 돌아보고 오른쪽을 곁눈질한다는 뜻이야. 결정을 못하고 이리저리 생각하며 망설이거나 주변 눈치를 살피느라 주저하는 태도를 일컫지.

좌고우면은 중국 위나라 조식이 오질에게 보낸 편지에서 유래한 말이야. "왼쪽을 돌아보고 오른쪽을 돌아보아도 당신과 견줄 만한 사람이 없는 것 같습니다(기상이 출중하고 문무를 겸비한 당신과 견줄 만한 사람이 없습니다). 이것이 어찌 당신의 장한 뜻 아니겠습니까?"라고 하며 조식이 오질을 찬미한 말에서 나왔다고 하니 지금과는 완전히 다른 의미였지. 그럼 어느 쪽을 따라야 할까? 고민할 필요 없어. 법도 고친 후에는 과거의 법 대신 새로운 법을 따라야 하는 것처럼 사람들의 약속인 언어 역시 과거의 뜻은 버리고 현재 사람들이 사용하는 의미를 따라야 해.

옛날에는 놈과 계집이라는 말도 지금처럼 비어卑語가 아니었어 그렇다고 해서 이놈, 저놈, 계집이라는 말을 함부로 쓰면 안 되겠지? 세상 모든 것처럼 언어도 새로 만들어지고, 뜻이 변하며, 쓰던 말이 사라지기도 하는데 이를 언어의 역사성이라고 하지. 중요한 것은 과거가 아닌 현재의 의미로 사용해야 한다는 사실이야.

좌고우면과 의미가 비슷한 말로는 수서양단이 있어. 머리 수首, 쥐 서鼠, 둘 양兩, 끝 단端으로 이뤄진 이 단어는 쥐의 머리가 양끝을 왔다 갔다한다는 뜻이야. 쥐가 구멍에서 머리를 내밀고 나갈까 말까를 망설인다는 이야기로, 우유부단해서 빠르게 결정을 내리지 못하는 행동 또는 이모저모 살피는 기회주의機會主義를 꼬집는 말이지.

우유부단은 부드러울 우優, 부드러울 유柔, 아닐 부不, 끊을 단斷으로 이뤄진 단어로 부드럽고 부드러워 과감하게 끊지 못한다는 의미야. 어물어물 망설이기만 할 뿐 결단성이 없는 것을 뜻하지. 기회주의는 기회만 엿보며 일관된 원칙 없이 그때그때 상황에 따라 자신에게 이로운 쪽으로 행동하는 경향을 뜻하고.

좌고우면에 해당하는 우리말 단어로는 망설이다, 주저하다, 머뭇거리다 등을 들 수 있어. 좌고우면하는 것을 반드시 부정적으로 볼 필요는 없어. 긍정적으로 보면 이들은 신중한 사람들이야. 묻지도 따지

지도 않고 섣부르게 판단해 즉흥적으로 행동하다가 낭패를 보기도 하니까. 물론 망설이다 보면 기회를 놓칠 수도 있어. 그렇다면 어떻게 행동해야 할까? 정답은 없다고 할 수 있지. 상황에 따라 좌고우면 해야 할 때도 있고 좌고우면해선 안 될 때도 있으니까.

상명하복 上命下服

- 상명하복의 군대문화는 우리의 일상까지 깊이 침투해 막강한 영향력을 미치고 있다.
- 상명하복식 소통구조에서 벗어나 쌍방향적 소통구조로 전환 중이다.
- 상명하복문화가 지속되는 한 민주주의가 발전할 수 없다.

상명하복문화가 뒷걸음질하는 것만 보아도 세상이 빠르게 변하는 것을 실감할 수 있어. 검찰개혁특위는 검찰 개혁의 핵심으로 검찰 수사권과 기소권의 완전 분리, 검찰의 상명하복 체제에 대한 수술을 내걸었는데 이러한 시대 흐름과 맥을 같이하는 일로 볼 수 있지. 상명하복은 윗 상上, 명령할 명命, 아래 하下, 복종할 복服으로 이뤄진 말로 윗사람이 명령하면 아랫사람이 복종해야 한다는 뜻이야. 상하관계를 분명히 하는 것을 의미하지.

명령이나 통제에 따르지 않고 맞서 반항하는 것을 항명이라고 하는

데 저항할 항抗과 명령 명命으로 이뤄진 이 단어는 명령에 저항한다는 뜻이야. 하극상 역시 계급이나 신분이 낮은 사람이 예의나 규율을 무시한 채 윗사람을 꺾고 오르는 일을 말하지. 아래 하下, 이길 극剋, 윗 상上으로 이뤄진 이 단어는 아랫사람이 윗사람을 이겨 먹는다는 뜻이야.

어떤 조직이든 대체로 위계질서가 있는데 위계질서는 자리 위位, 계층 계階, 차례 질秩, 차례 서序로 이뤄진 단어로 계급이나 직책이 상하관계인 사람들 사이에서 지켜야 할 차례와 순서라는 뜻이야. 하의상달이 원활해야 조직이 발전할 수 있다고 하는데 하의상달은 아래 하下, 뜻 의意, 윗 상上, 다다를 달達로 이뤄진 말로 아래의 뜻이 위로 전달되는 것을 가리켜. 하의상달이 원활하게 이뤄져야 민주주의가 실현된 진보적 사회라 할 수 있어.

'맹종은 굴종보다 못한 것으로 미덕이 될 수 없다'는 말이 있어. 맹종은 눈멀 맹盲, 따를 종從으로 눈먼 상태로 따라간다는 뜻이야. 옳고 그름을 가리지 않고 남이 시키는 대로 무턱대고 따른다는 의미지. 굴종은 굽힐 굴屈, 따를 종從으로 자신의 뜻을 굽혀 따라간다는 뜻이야. 따라가고 싶지 않지만 어쩔 수 없이 따라갈 때 쓰는 말이지. 힘이 없어 몸으로는 어쩔 수 없이 따라가지만 마음으로는 따라가지 않은 굴종이 몸도 마음도 따라가 버리는 맹종보다 낫다는 이야기인 거야.

군대에서 관등성명을 말하라고 할 때 하루에 열 번씩 "이병 아무개"라고 외치면서도 그 의미를 알지 못했어. 관등은 벼슬 관官과 등급

등^等으로 이뤄진 단어로 벼슬의 등급이라는 뜻이고, 성명은 성씨 성^姓과 이름 명^名으로 이뤄진 단어로 성과 이름을 아우르는 말이야. 관등성명이 군인이나 경찰, 공무원들의 계급 및 성씨와 이름을 뜻한다는 걸 이제는 알 수 있겠지?

후안무치 厚顏無恥

- 돈을 떼먹고도 아무 일 없는 것처럼 행동하는 후안무치에 화가 났다.
- 역사 왜곡을 일삼는 후안무치한 일본의 태도를 강력히 규탄한다.
- 원하는 건 무엇이든지 얻을 수 있었던 가정환경이 그를 방약무인한 젊은이로 만들었다.

부끄러움을 모르는 사람을 비꼴 때 흔히 "얼굴이 두껍다", "얼굴에 철판을 깔았다"는 말을 하지. 이를 한자로는 후안무치라고 하는데 두꺼울 후^厚, 얼굴 안^顏, 없을 무^無, 부끄러울 치^恥로 이뤄진 이 말은 얼굴이 두꺼워 부끄러움을 모른다는 의미야. 사람은 자신의 잘못에 부끄러움을 느껴야 마땅한데 뻔뻔스러워서 부끄러움을 느끼지 않으니 사람 같지 않다는 말이지.

귀를 막고 사는 듯한, 마음이 돌처럼 굳어 있는 듯한 사람을 철면피^{鐵面皮} 또는 파렴치^{破廉恥}라고 해. 쇠 철^鐵, 얼굴 면^面, 가죽 피^皮로 이뤄진 철면피라는 단어는 얼굴 피부가 쇳덩어리처럼 단단하다는 뜻이야. 깨뜨릴 파破가 들어간 파렴치라는 단어는 염치를 깨뜨려 버렸다는 뜻이지. 염치廉恥는 청렴할 렴廉과 부끄러울 치恥로 이뤄진 단어로 청렴하고 부끄러움을 안다는 뜻이야. 남에게 신세를 지거나 폐를 끼칠 때 부끄럽고 미안한 마음을 가지는 상태를 염치라고 하지. 그러니 사람은 염치가 있어야겠지?

속된 말로 "싸가지가 없다"고 하는데 싸가지는 싹수의 사투리야. 식물의 씨앗에서 제일 먼저 움트는 잎을 싹수라고 하며 앞으로 어떤 일이나 사람이 잘될 것 같은 낌새나 징조라는 의미로 많이 쓰이지. 그래서 "싹수 있다"는 장래성이 있다는 말, "싹수없다", "싹수가 노랗

다"는 애초에 가능성이나 희망이 보이지 않는다는 말이야.

안하무인, 방약무인, 인면수심도 후안무치와 비슷한 말이야. 눈 안眼과 없을 무無가 들어간 안하무인이라는 단어는 눈 아래 사람이 없는 것처럼 말하고 행동한다는 의미, 곁 방傍, 같을 약若이 들어간 방약무인은 곁에 사람이 없는 것처럼 제멋대로 말하고 행동한다는 의미지. 인면수심은 사람 인人, 얼굴 면面, 짐승 수獸, 마음 심心으로 이뤄진 말로 얼굴은 사람인데 마음은 짐승이라는 의미야.

1996년 어느 정치인이 처음 쓴 후 '내로남불'이라는 말이 유행하더니 2020년 말에는 '아시타비我是他非'라는 말이《교수신문》이 선정한 올해의 한자성어가 되었어. 신조어가 선정된 건 처음이라는군. 내로남불은 '내'가 하면 '로'맨스지만 '남'이 하면 '불'륜이라는 뜻이야. 로맨스는 남녀 사이의 달콤한 사랑을, 불륜은 사람으로서 지켜야 할 도리에서 벗어난 일을 뜻하지. 남이 할 때는 비난하면서 자신이 할 때는 괜찮다고 하는 태도를 비꼬는 말로, 남에겐 가혹한 잣대를 들이밀면서 정작 자신이나 자기 편의 잘못에는 너그러워지는 사람을 비난할 때 쓰는 표현이야.

아시타비는 나 아我, 옳을 시是, 다른 사람 타他, 나쁠 비非로 이뤄진 말로 "나는 옳지만 다른 사람은 나쁘다"는 뜻이야. 내로남불을 한자로 바꾸었다고 할 수 있지. 이것이 인간의 본성일 수는 있지만 지성인이라면 자신의 판단이 잘못되고 상대방이 올바를 수도 있다는 생각을 해야 하지 않을까? 아시타비라는 말이 올해의 한자성어로 선정됐다는 것은 우리 사회가 얼마나 잘못된 방향으로 가고 있는지를 단적으로 보여 주는 듯해서 서글프고 안타까워.

지금이야말로 어느 때보다 역지사지의 정신이 필요해. 바꿀 역易, 처지 지地, 생각 사思, 그것 지之로 이뤄진 역지사지라는 말은 처지를 바꾸어서 그것을 생각한다는 의미야. 남의 입장에서 생각해 보아야 한다는 뜻이지.

단어 순서로 찾기